Análisis
de las
repercusiones
del
Socialismo
del siglo XXI
en la región

CENAIN

Centro de Análisis e Investigación Internacional

Agradecimientos

*Este trabajo fue producto de la colaboración
de varios expertos y estudiosos de esta temática
tan actual para América Latina.
Damos un especial agradecimiento y
reconocimiento al Dr. Luis Herrería, quien falleció
antes de la publicación de este libro.*

ISBN: 978-1515012023

Edición y corrección:
Saudia Levoyer

Diseño de cubierta: Krushenka Bayas

Diseño tipográfico:
Pablo Brouwer
www.alexlib.com

Fondo Editorial del Interamerican Institute for Democracy

Contenido

PRÓLOGO

EL Libro de las sorpresas

Simón Espinosa Cordero
SEC: columnista en el difunto diario HOY de Quito

Curiosísima lectora y curioso lector:

El libro que traes entre manos versa sobre las hazañas de los ingeniosos caballeros y heroínas del Socialismo del siglo XXI en las Américas.

En el cuarto centenario del descubrimiento, el poeta nicaragüense Rubén Darío se lamentaba así: "¡Desgraciado Almirante! Tu pobre América, / tu india virgen y hermosa de sangre cálida, / la perla de tus sueños, es una histérica / de convulsivos miembros y frente pálida". ¿En nuestro 2015, repetiría el lamento? Muerto yace el poeta, pero su intuición previó el futuro: "Verdugos de ideales hoy afligen la Tierra, / en un pozo de sombra la humanidad se encierra / con los rudos molosos del odio y de la guerra".

El siglo XVIII fue "de las luces"; el XX, "de las cruces" en blancos cementerios de negras guerras. Atroz siglo de genocidios, condenados de la Tierra y venas nuevamente abiertas en América Latina. El fin de siglo fue de los foros de São Paulo. Las dos primeras décadas del siglo XXI han sido y son de mafias increíblemente poderosas y globalizadas; han sido y son las de avances, ilusiones y desengaños del Socialismo criollo, en el que "Entre polvo de ensueños y de ilusiones, crecen *amenazantes* sus flores negras". (Por razones de sentido, hemos cambiado *entumecidas* del original por amenazantes).

Caído el Muro de Berlín en 1989, el Partido de los Trabajadores de Brasil se reunió el año siguiente en São Paulo para analizar las consecuencias de ese hecho fatal para ellos, pues se acababa la Guerra Fría y se venía el fantasma de un mundo unipolar con su dios liberal en lo económico, político y social y con su "poderoso caballero es don dinero", amo y señor en mercados y bolsas, señor y amo de muertes y vidas. Algo había que hacer para detener tal avance y expulsarlo de América Latina, de sus mares, de sus selvas y montañas y, sobre todo del corazón de la gente humillada y ofendida. El Partido decidió crear un foro de partidos y grupos de Izquierda latinos y caribeños. Había que juntar esfuerzos. Había que diseñar un modelo. Había que armar una estrategia. Había que defenderse del odiado imperio. Había que haber paciencia, larga paciencia. Reinventemos el Socialismo. Lleguemos al poder por la fuerza de los votos, seamos mayoría, despreciemos el pasado, inventemos el futuro, seamos lentamente implacables. Nos alumbra el sol de Cuba. "*El pueblo de Cuba, /sumido en su dolor, /se siente herido /y se ha decidido /hallar sin tregua una solución /que sirva de ejemplo /a esos que no tienen compasión /y arriesgaremos decididos, /por esta causa, hasta la vida. /¡Que viva la Revolución!*" (Himno del 26 de julio).

En este año 2015, son 75 los partidos y movimientos agrupados en el Foro de São Paulo, incluso el Frente de Liberación Nacional, España y las Fuerzas Armadas Revolucionarias de Colombia: todos con voz y voto. Partidos y movimientos de Europa y Asia vienen como invitados solo con voz salvo en reuniones especiales en que votan también.

El Foro se ha reunido hasta este año en Ciudad de México: 1991, 1998 y 2009; Managua: 1992, 2000, 2011; La Habana: 1993 y 2001; Montevideo: 1995 y 2008; San Salvador: 1996 y 2007; Porto Alegre: 1997; Ciudad de Guatemala: 2002; Quito: 2003; São Paulo: 2005 y 2013; Buenos Aires: 2010; Caracas: 2012 y 2015; y La Paz en el año 2014.

"El Foro de São Paulo aprobó en el día de hoy 13 de abril de 2015, en Caracas, *la Jornada del Día Mundial de la Solidaridad con Venezuela* para el 19 de abril".

Simón Bolívar, Fidel Castro, Ignacio Lula da Silva y Hugo Chávez son evocados como padres tutelares del Socialismo del siglo XXI. "Abre todas las puertas de par en par / para que el viento lleve adentro de tu hogar / el polen bullicioso de nuestra flor, / para que crezcan miles, más de un millón. / Camina sobre el hambre, fuerza y valor, / que la consigna crezca como el amor / y canta con nosotros nuestra canción. / !Coraje!, ¡Coraje! La unión hace la fuerza / y un corazón americano crece a la luz del sol". (Víctor Heredia).

Curiosísima lectora y curioso lector, basten los antecedentes expuestos para que sirvan de marco en el cual encuadrar el magnífico óleo "Análisis de las repercusiones del Socialismo del siglo XXI en la región", pintado por personas de varios países, que saben decir pan al pan y vino al vino, que van al grano y argumentan lo que afirman. Benditos sean.

El libro que prologamos es necesario, útil, claro, bien investigado y honesto.

Necesario como las luces halógenas de los pesados camiones que suben la cordillera envueltos en la niebla. Un pequeño descuido y caen al abismo. Una densa niebla irisada con los colores del *arco baleno* echa un manto sobre vericuetos y camuflajes con que opera el siglo XXI. "Análisis" es un viento fuerte del Sur que despeja el horizonte. Lo leo, luego entiendo esta doctrina culebrera.

Útil como un contraveneno. El XXI está hecho de un 40 por ciento de cinismo, un 40 por ciento de mentiras y un 20 por ciento de verdad. Hay que vacunarse.

Claro como el agua del manantial. La claridad es la cortesía con el lector. Lo dijo José Ortega y Gasset. Hay escritos deliberadamente oscuros para dialogar entre intelectuales. De pavo real a pavo real. Hay escritos farragosos como matorrales. "Análisis" no pretende deslumbrar. Se lo lee de corrido, con gusto. Bueno para reflexionar, brújula para orientarse.

Bien investigado, pues los autores de los breves ensayos de que se compone "Análisis" o lo han vivido en carne propia o han seguido las etapas de este Socialismo desde la captación del poder en las elecciones, bien oleadas y sacramentadas por dineros no santos, hasta el supremo movimiento de remedos de fascismo y notoria corrupción.

Honesto porque nada sacan editores y autores sino hacer de viento y de faro y de cirujano pese al peligro que un libro de este calibre entraña, pues Socialismo no tolera críticas ya que son dueños de la verdad, de la historia, del poder y de la gloria.

En suma, necesario, útil, claro, bien investigado y honesto. Cualidades estas para contrarrestar la quinta esencia del Socialismo del siglo XXI que divide todo lo que su mano toca y no siembra el amor sino el odio.

Pasen pues, lectora y lector, a servirse de este plato de frutas. Pueden gustar los 13 ensayos en cualquier orden, como el gusto los lleve, pues hay un hilo conductor que los ata y da unidad.

Bien podrían comenzar por "Cuba y el Socialismo del siglo XXI". Cuba es la "madre de las batallas", ha sobrevivido largamente, tiene buen ver y ha enamorado a muchos. Sin Cuba no se habría expandido el Socialismo del siglo XXI en la región. Sin Cuba y sin las mafias. Por lo que el segundo ensayo que leer con espanto es el dedicado al crimen organizado transnacional, el terrorismo y los estados criminalizados de América Latina, una nueva prioridad de primer nivel para la seguridad nacional. Vamos como los Reyes Magos a Oriente Medio. Cruel destino.

Luego pueden escoger como en Copa América al prender la televisión cuando juega la selección nacional. Nicaragua y Venezuela son las hadas madrinas. Leer, pues, "¿Nuevo Socialismo o fascismo tropical?: Apuntes para comprender el nuevo caudillismo en América Latina", complementado con "La influencia del Socialismo del siglo XXI en la economía venezolana".

"El evismo: ¿democracia o dictadura" les pondrá a pensar, pues parece el caso más auténtico y más exitoso de la región. La grande y bella Bolivia ha sido un caballo salvaje con el que no han podido ni caudillos ni presidentes. Y viene Evo Morales y lo doma. ¿Será verdad tanta belleza?

¡Argentina! ¡Argentina! / ¡Argentina! El sonoro / viento arrebata la gran voz de oro. / Ase la fuerte diestra la bocina, / y el pulmón fuerte, bajo los cristales / del azul, que han vibrado, / lanza el grito: Oíd, mortales, / oíd el grito sagrado. (Rubén Darío). Un extenso ensayo cubre la historia de Argentina, el país de Borges, Messi y el papa Francisco. Argentina siempre brilló como la primera potencia de América Hispana, hoy venida a menos y siempre viniéndose a más. "El Kirchnerismo: versión Argentina del

Socialismo del siglo XXI" da buena cuenta de una política que no ha correspondido de ordinario a la cultura y civilización del más europeo de los países de la América Latina.

El Socialismo del siglo XXI en Ecuador ha sido para sus pacíficos ciudadanos como "El trueno horrendo que en fragor revienta/ y sordo retumbando se dilata /por la inflamada esfera, /al Dios anuncia que en el cielo impera. /Y el rayo que en Junín rompe y ahuyenta /la hispana muchedumbre /que, más feroz que nunca, amenazaba, /a sangre y fuego, eterna servidumbre, /y el canto de victoria /que en ecos mil discurre, ensordeciendo /el hondo valle y enriscada cumbre, /proclaman a *Correa* en la tierra /árbitro de la paz y de la guerra". (José Joaquín de Olmedo, "Canto a Bolívar"). (Hemos reemplazado *Bolívar* por *Correa*. Las razones son obvias). Tres ensayos cubren el triunfo del Socialismo del siglo XXI en Ecuador: "El Socialismo del siglo XXI en la vida nacional" escrito por don Luis Herrería, recién fallecido. El ensayo se enfoca en la doctrina política de la democracia y el poder en la historia occidental y las circunstancias de la política ecuatoriana que volvieron poco menos que imposible no elegir a Rafael Correa en la segunda vuelta de las elecciones presidenciales del año 2006.

El ensayo escrito por Alberto Molina Flores: "Influencia del Socialismo del siglo XXI en el contexto nacional: análisis del campo militar" es doblemente útil, porque informa de los antecedentes inmediatos de la acción militar desde la década de los setenta hasta el advenimiento de Rafael Correa. Las Fuerzas Armadas fueron árbitros del juego Dictaduras versus Democracia, casi siempre con buen suceso. Y porque pinta la acción del presidente Correa que ora con tino ora sin él trata de domesticar las Fuerzas Armadas al modo venezolano sin haberlo conseguido hasta ahora. ¿Hasta cuándo resistirán los excelentes y populares soldados ecuatorianos?

Cierra el ciclo ecuatoriano un ensayo muy didáctico de Mario R. Pazmiño: "Las siete estrategias del Socialismo del siglo XXI" en el escenario regional y en el escenario ecuatoriano. Reproduce una Carta abierta al pueblo ecuatoriano fechada el 6 de octubre de 2006 en Caracas. En ella, Alejandro Peña Esclusa aconseja a los ecuatorianos no votar por Rafael Correa. Sus razones proceden de su experiencia personal con el chavismo desde 1998. No sabemos cuántos ecuatorianos habrán leído la carta, cuántos reflexionaron, cuántos se abstuvieron de votar. "No hay peor ciego que el que no quiere ver". En estos días, un alto porcentaje de la población ecuatoriana lamenta su ceguera y no sabe qué hacer legítimamente para despertar de la pesadilla de un régimen cada mes más soberbio y asfixiante.

Los ensayos "La Alba" y "El nuevo disfraz del comunismo" completan la sustancia del "Análisis". El primero, con preciosos datos y estadísticas sobre la Alianza bolivariana para los pueblos de nuestra América. Una institución con futuro, pero que no acaba todavía de cobrar velocidad, y aposentada en una cómoda sede en la línea equinoccial cerca de Quito. El segundo, un ensayo bien escrito, bien informado y un si es no es irónico sobre los disfraces del comunismo de suyo no distinguido por su humor.

La curiosísima lectora y el curioso lector disfrutarán con los ensayos sobre Chile y las artimañas del Socialismo del siglo XXI para sacar los estudiantes a la calle y aprovechar la distancia entre los muy ricos y muy pobres que miran con contradictorios ojos los parpadeos de la Estrella Solitaria. Y tal vez quedarán sorprendidos de las simpatías canadienses por el Socialismo del siglo XXI allá muy lejos en los trópicos.

Finalmente, poco recogen los análisis algunas bondades del Socialismo insuficientes del todo por el costo en restricción de libertades, trabas a la comunicación, actitud de dioses del Olimpo ajenos a la misericordia y la humildad. Demasiado estado, demasiados controles, demasiada corrupción. *"El varón que tiene corazón de lis, alma de querube, lengua celestial, / el mínimo y dulce Francisco de Asís, /está con un rudo y torvo animal, /bestia temerosa, de sangre y de robo, /las fauces de furia, los ojos de mal"*. (Rubén Darío, "Los motivos del lobo").

Chile frente al Socialismo del siglo XXI

Aldo Cassinelli Capurro

Administrador público, cientista político y experto en riesgo político de inversión. Fue decano de la Facultad de Ciencias Políticas y Administración Pública de la Universidad Central de Chile.

Este artículo se escribió antes de las elecciones presidenciales de Chile de diciembre de 2013

La reivindicación política proveniente de la izquierda latinoamericana siempre ha visto a Chile como un modelo al cual se debe derrotar, la posibilidad que este país alcance niveles de crecimiento, desarrollo, cohesión social e inclusión son para este movimiento un gran problema, es por ello su especial encono frente a todo lo que pueda mostrar beneficios para su población.

No resulta por tanto extraño que, frente a un gobierno de centroderecha, toda la maquinaria político propagandística de la izquierda mundial y especialmente latinoamericana se haga presente, amparada por quienes al interior de este país ven en las ideas de izquierda una contrapropuesta revolucionaria a los grandes avances alcanzados.

No se debe desconocer un dejo de rencor en las posiciones de la izquierda regional frente al sureño Estado, ya que la única experiencia política marxista que alcanzó el poder por la vía electoral, encontró un final dramático producto de la creciente impopularidad de sus acciones, lo cual le llevó a culminar en un enfrentamiento político que paralizó la nación, llevó a un inédito acuerdo entre la mayoría de las fuerzas políticas representadas en el Congreso Nacional, que declararon inconstitucional al Gobierno, y terminó con un golpe de Estado, que dio comienzo al mito.

En la actualidad el Socialismo ha vuelto a enarbolar banderas de competencia, presentándose como una alternativa viable a la cada vez más consolidada combinación de mercado con Estado, lo cual parecía casi una quimera hace una década atrás. La llegada al mando del Ejecutivo en Venezuela del excoronel golpista, Hugo Chávez, destrabó una compuerta que se hizo primero del poder político, luego del poder social, para culminar con el poder económico y, así, imponer un modelo refundacional que fue exportando en la medida que sus ingresos financieros aumentaban.

No debemos desconocer que la llegada del ya fallecido mandatario a la presidencia de Venezuela fue el fruto de años de mala administración, políticas erradas por parte de los dirigentes políticos y sociales, así como un manejo tortuoso de la relación economía y política. Lo que actualmente se ve en dicho país no surge de manera espontánea, la población no entrega sus esperanzas a quien por tanto tiempo le ha defraudado. Los sueños de los más humildes fueron el caldo de cultivo de este proyecto socialista que hoy denominamos Socialismo del siglo XXI.

Como todo en la vida, la izquierda regional tiene matices y en Chile se reconoce estos tonos que son también reflejos de un Socialismo moderado, que encuentra sus dos orígenes en la socialdemocracia europea, más que en las doctrinas revolucionarias marxistas o aquellas que beben del caudal que emana de la Cuba Castrista. Los gobiernos que dieron vida a la Concertación de Partidos por la

Democracia, —que gobernó por veinte años en una coalición de centro izquierda, que abarcó desde la Democracia Cristiana hasta los socialistas—, mediante la administración del sistema económico y social fundado en un Estado Subsidiario, mostraron las potencialidades de estas iniciativas al mundo y han sido copiadas por los países que hoy miran expectantes el desafío de crecer y aumentar las ganancias para su pueblo; naciones como Colombia y Perú se han atrevido a desafiar los eslogan para construir una plataforma de relaciones en donde el Estado es el garante de las relaciones entre las personas que emprenden para mejorar sus condiciones personales y, desde esa noción, la situación del país en su conjunto. Sin embargo, el riesgo de retroceder es permanente, los actores de la extrema izquierda no cesan en su lucha diaria por volver a reconstruirse con base en el clientelismo de Estado, a volcar sus anhelos de capturar las rentas de quienes las producen para apropiarse de manera artera y "distribuirla" entre sus partidarios, bajo el pretexto de disminuir las desigualdades, pero con el oscuro afán de hacer dependientes a los hombres y a las mujeres de la tierra de las prebendas que el Estado les entrega.

No es de extrañar entonces que se clame con fuerza la necesidad de una Asamblea Constituyente que cambie las relaciones en el interior del país. Esta pretende iniciar el camino que ya recorrieron naciones como Venezuela, Ecuador y Bolivia, y busca poner especial atención a la incorporación de los actores sociales que se agrupan en movimientos de corte revolucionario y contrario a la institucionalidad actual. A decir de Franklin Ramírez, "la Asamblea Constituyente permitió al MVR (Movimiento V República) desmantelar la herencia institucional del bipartidismo y diseñar instituciones que posibiliten la articulación directa entre líder y el pueblo"[1]. Esta es una clara explicación de lo que pretende una nueva constitución mediante una asamblea.

Bajo esta perspectiva, manera algo ingenua se podría pensar que los argumentos esgrimidos por aquellos que promueven cambios constitucionales de orden fundacional se asientan en el bien común; sin embargo, basta hacer un análisis algo más profundo para entender el sustrato ideológico que se encuentra en estas propuestas. Al examinar el meta relato contenido en su discurso se evidencia que esto tiene un orden en el proceso de desinstitucionalización, ya que es necesario que surjan nuevas prácticas de distribución del poder para avanzar en el campo de la desdemocratización.

Esto es posible advertirlo al estudiar los ideólogos de cada iniciativa, tales como la frecuente mención de la inutilidad de la democracia representativa ante el claro beneficio de una democracia directa o plebiscitaria, la existencia de una democracia deliberativa que se acomode a las circunstancia de su tiempo en un permanente diálogo dialéctico de construcción de realidad por medio del discurso y por supuesto un reordenamiento del tipo de organizaciones que son funcionales a este sistema, donde los partidos políticos más que ser fortalecidos son reemplazos por orgánicas de corte social que se atribuyen el poder de representación. En síntesis un avance a la atomización de las organizaciones con el propósito de concentrar el poder en un solo órgano que puede ser el Ejecutivo sin necesidad de dar tanta cuenta y evitando los equilibrios

1. Ramírez, Franklin: "Mucho más que dos izquierdas"; Revista Nueva Sociedad N°205; pág. 30 a 44.

institucionales, no por nada el principal eslogan de la Argentina de la presidenta Cristina Fernández de Kirchner es "vamos por todo", aludiendo a la concentración máxima de las facultades y atribuciones en el presidente de la república en desmedro de los otros poderes del Estado.

A este respecto, no dejan de sorprender declaraciones formuladas por uno de los miembros del equipo designado para el estudio de una nueva constitución por la futura candidata de la Concertación más el partido Comunista, quien ha señalado que "el problema constitucional chileno es algo que tendrá que resolverse por las buenas o por las malas"[2]. Este discurso quejumbroso y a ratos indignado está en boca de muchos que ansían cambiarlo todo. Sin duda, tienen fe en que infundir miedo a través de la amenaza de violencia callejera es más eficaz que persuadirlo por la vía de la racionalidad. El miedo, en último término, es una herramienta más eficaz que lo fatigoso que resultaría argumentar y convencer al otro de lo necesario de efectuar cambios que permitan modificar la actual estructura institucional.

Ya Atilio Boron[3] nos hacía una perfecta síntesis de la visión de democracia y las contradicciones que en la región se muestran. Para él solo existe democracia en Bolivia, Ecuador y Venezuela, en contraposición a lo que sucede en Chile, ya que para su existencia se requiere justicia social y esto es lo que legitima la democracia. Sin embargo, nada se dice de otros elementos que deben estar presentes para el buen gobierno, como son la existencia

---

2. Véase diario El Mostrador: Entrevista de Alejandra Carmona a Fernando Atria, 23 de abril de 2013, disponible en www.elmostrador.cl

3. Borón, Atilio: Socialismo del siglo XXI: ¿hay vida después del neoliberalismo?; Revista Poliética N°8 año 2009; pág. 41-55.

de un sistema de partidos sólido que permita sustentar la democracia representativa, instituciones que cumplan con su rol, la vigencia del estado de derecho, así como el cumplimiento de las normas vigentes, el permanente accountability, tanto horizontal como vertical. Claro todo esto es mucho pedir a un sistema que pretende romper los canales de transmisión de las demandas de la ciudadanía y los tomadores de decisión, ya que lo que interesa es mantener esos causes lo más controlado posible para fomentar la relación directa entre autoridad y clientela política, es por ello el afán en la democracia directa.

Otro elemento que perturba esta fuerte disputa entre las dos democracias es el control de la prensa. La libertad de expresión no está permitida en los países socialistas, esta se va mermando de manera permanente, en ocasiones de forma violenta mediante expropiaciones, ataques o limitaciones, en otras de forma más sutil, como la compra de conciencias, la publicidad del Estado en algunos medios o lisa y llanamente la apertura de medios afines al régimen. Esto se aleja de todo lo que puede ser considerado democracia, no pasa ni la prueba que en su minuto Robert Dahl consideró poliarquía.

En el caso de Chile, los intentos por levantar una propuesta cercana a las ideas del Socialismo chavista se han visto mermados en cuanto apoyo a las corrientes más extremas de la izquierda. Incluso la formación del partido Movimiento al Socialismo no logró aglutinar a todas las fuerzas que profesan la ideología, quedando reducido a un número muy menor de adherentes y al Senador que lo formó, el cual en la actualidad vuelve a negociar con sus antiguos compañeros de partidos para conformar un pacto electoral que le permita mantenerse en el Senado de la República.

Esto no puede llevar a desconocer que en la actualidad, bajo un gobierno de centro derecha, las corrientes más extremas han sacado la voz y se han manifestado en las calles con fuerza, poniendo en más de una ocasión al gobierno frente a la disyuntiva de cambiar sus planteamientos de reformas.

El camino transitado durante las últimas dos décadas ha ido consolidando la noción de una izquierda que tiende a convivir con algunos planteamientos de otras corrientes, siempre que estos sean beneficiosos para sus objetivos finales. Este tipo de izquierda más sensata, quizás deberíamos utilizar el término pragmática, es la que ha predominado en Chile desde el retorno a la democracia y se ha hecho extensiva a Brasil y Uruguay, mostrando una capacidad de adaptar elementos que comúnmente son levantados por las corrientes de centro derecha como es la utilización del mercado para resolver la provisión de bienes, la construcción de una institucionalidad que sea respetada por la comunidad, así como prácticas políticas que se insertan en el fortalecimiento de la competencia democrática y sus reglas.

Lo señalado es una cara de la moneda, sobre ella se ha construido una izquierda más bien dogmática, que tiende a radicalizar sus posiciones y bebe de la fuente revolucionaria de los años sesenta, teniendo a Cuba como su baluarte. Es así como se comienza a hablar del eje Cuba-Venezuela, el cual permea la política de otras naciones con su ideología populista y nacionalista, intentando mover el debate a la lucha de clases, las masas oprimidas por el mercado y el capitalismo salvaje que se ha apropiado de los cuerpos y las conciencias de los pueblos, frente a lo cual surge el líder salvador que, mediante la acumulación de poder, liberará a quienes han sido subyugados, claro que para ello se ha de reordenar el sistema político social.

Estas visiones dentro de la izquierda han de ser consideradas en su implementación con al menos dos factores de especial relevancia: la cultura político-social del país y las características del líder que las interpreta. No es posible entender la penetración del Socialismo bolivariano en Venezuela sin la presencia carismática de su conductor, el ex presidente Chávez —este sería uno de los principales desafíos de su sucesor Nicolás Maduro— la capacidad de conectarse con las masas era real y efectiva, lo que le permitía desprenderse de todo mecanismo de intermediación existente.

Muy por el contrario, la Argentina de Néstor Kirchner impuso su transformación desde arriba, apoyado en los movimientos sociales, pero fundamentalmente en la élite peronista que le ayudaba a controlar dichas organizaciones y en la medida que le eran funcionales mantenían sus existencias, muy por el contrario, en el momento que se transformaron en un problema fueron rápidamente disueltas, dando muestra de un alto pragmatismo.

Lo que sí es común en estos procesos es la construcción de una política de izquierda que se configura en ciertos clivajes básicos a saber, como es el pueblo frente a la oligarquía, lo que ayuda en la lucha interna; nación versus imperialismo, lo que permite aglutinar a las masas frente a la amenaza externa. Si se unen los conceptos se tiene un populismo nacionalista que se enfrenta a la oligarquía que defiende el imperialismo. Como buena ideología, permite una reducción de la realidad a su mínimo, concediendo los argumentos necesarios para la defensa de sus acciones.

Al finalizar el presente año, Chile habrá elegido un nuevo mandatario para el período 2014-2018 y cada día que pasa se vislumbra una batalla ideológica que marcará los destinos de esta nación como ninguna de las otras luego del retorno a la democracia. Las discrepancias políticas existente hoy entre las distintas candidaturas es muy grande y por tanto las posibilidades de acuerdos básicos se torna complejo al polarizar las posiciones.

Las candidaturas de izquierda promueven el desmantelamiento de una estrategia de desarrollo que se ha mostrado exitosa en generar las condiciones para que cada habitante de este país alcance su bienestar. Hemos dicho y seguiremos afirmando nuestro inconformismo, pero dentro de una institucionalidad que permita continuar por una senda de progreso y no desechar todo lo avanzado. No estamos disponibles para experimentar con modelos fracasados una y otra vez, tanto en la reciente crisis europea como en la región.

Conclusión

Frente a los embates que el país ha debido enfrentar por su disciplina, perseverancia y consecuencia en la aplicación de una estrategia de desarrollo, es necesaria la unión de fuerzas, tanto internas como externas que permitan visibilizar lo relevante de estas acciones en pro del individuo y de una sociedad de libertades.

Salvo contadas excepciones, el éxito se logra mediante un trabajo constante, la perseverancia y el interés puesto en los objetivos. No debemos sucumbir a los cantos que muestran posibilidades donde no las hay, que establecen derechos que solo implican repartir sin construir.

Ampliar el Estado y con ello su injerencia en la vida de las personas no está en nuestro interés, por ello no consideramos válida la opción del estado social de derecho como se nos plantea, no sólo por ser ajena a nuestra matriz ideológica, sino por el fracaso mostrado en todo el mundo y a lo largo del tiempo, basta mirar como Europa se desmorona y deja a sus ciudadanos desvalidos, precisamente cuando más requieren de la ayuda que prometieron aquellos que construyeron dicha propuesta.

Por el contrario, ampliar las oportunidades para que cada cual, en el marco de sus diferentes potencialidades sea libre de desarrollarse, esa es la justicia y la igualdad que buscamos, por ningún motivo aquella engañosa idea de igualitarismo que tiende a limitar al ser humano.

Cuba y el Socialismo del siglo XXI

Pedro Corzo

Exiliado en Estados Unidos y opositor del castrismo, autor de libros sobre realidad cubana. Es presidente del Instituto de la Memoria Histórica Cubana contra el Totalitarismo.

Este artículo se escribió el 24 de Junio de 2013

El supuesto propósito de la nomenclatura castrista de establecer en Cuba una sociedad justa y próspera resultó en un rotundo fracaso, porque el régimen violentó de forma permanente y sistemática los derechos de todos los ciudadanos y asumió el control absoluto de los bienes de la nación.

Aún más, a pesar de las cuantiosas ayudas económicas recibidas de varios países, muy en particular de la Unión Soviética y Venezuela, no fue capaz de construir una sociedad en la que al menos el ciudadano disfrutara de mejores condiciones de vida. El modelo cubano nunca fue funcional. La economía de la isla, con mínimas variantes, siempre fue un clon de la soviética con permanente subsidio. La estructura política y militar se adecuó a la del Kremlin, al extremo que la propia constitución de 1976, aludía el compromiso de Cuba con la extinta Unión Soviética.

El nuevo orden se fundamentó en el miedo y en las prácticas represivas. La duda y la inseguridad ciudadana se esparcieron por toda la comunidad nacional, aislando al ciudadano e impidiendo la solidaridad. El individuo perdió su soberanía. Se transformó en masa. En un ente amorfo que adoptó la forma y curso que el poder dispuso.

Por otra parte, el régimen invirtió cuantiosos recursos propios y ajenos en la subversión del continente y en el envío de tropas de combate y de ocupación a África, siendo el último país de habla hispana que ha contado con fuerzas expedicionarias con proyección imperialista. La primera exportación de la Revolución Cubana fue en 1959. Militares cubanos desembarcaron en Panamá, Haití, Nicaragua y Santo Domingo.

La subversión, con sus múltiples variantes operativas, hizo acto de presencia en todos los países de América. Donde existían condiciones geográficas naturales se constituyeron guerrillas rurales, a la vez que se desarrollaba una lucha urbana violenta y encarnizada. La violencia inspirada desde La Habana se manifestó sin recato y con extrema crueldad.

Cuba fue campo de entrenamiento militar y subversivo, a la vez que servía de lugar de reposo y hospital de retaguardia. Instrumentó poderosas entidades de carácter transcontinental que servían de plataforma propagandística y de divulgación a las causas y a las personalidades de diferentes nacionalidades que respaldaban la desestabilización que impulsaba La Habana.

En la isla, la clase dirigente asumió todos los poderes públicos. Se vetó el pensamiento libre. El sectarismo y el miedo contaminaron todo el entramado social del país. El individuo vive en la inseguridad y anhelando saber interpretar la voluntad de quienes detentan el poder.

Pero, a pesar de tanta autoridad, la dirigencia cubana está consciente desde hace varios años que sus propósitos fracasaron y que es preciso, para conservar el control de la nación, realizar movimientos que encajen perfectamente entre los intereses de la clase dirigente y es en ese espacio en el que algunas recetas del Socialismo del siglo XXI (SSXXI) pueden servir al régimen cubano.

Un factor para que en alguna medida las fórmulas del SSXXI puedan ser satisfactorias para el régimen es no reconocer que el proyecto fue un fracaso. No pueden admitir errores de parte de los constructores. No hay arrepentimiento y menos aún reconocimientos de responsabilidades. A la dirigencia le es imposible admitir que el "Socialismo mesiánico cubano" solo fue exitoso en la conservación del poder, porque su carácter de contrariar la naturaleza humana, sumado a la incapacidad de los arquitectos que pretendieron construirlo, lo hacía inviable.

En la actualidad el totalitarismo cubano en cierta medida se ha reinventado. La estructura superior del poder se subvirtió a sí misma modificando algunos de los factores que no solo caracterizan al totalitarismo, sino que diferenciaban al régimen de la isla de otros gobiernos que se identificaban con el llamado "Socialismo Real", porque el totalitarismo cubano se fundamentó en la figura dominante de Fidel Castro.

El Socialismo del siglo XXI es particularmente útil para el proceso de sucesión que se inició en Cuba en el 2006 y que aparentemente llegó a su final este año cuando Raúl Castro declaró que este sería su último periodo de gobierno. Todo parece indicar que los Castro han determinado que es mandatorio iniciar un proceso de transición que les garantice, a ellos y a toda la nomenclatura, la impunidad de sus acciones y la conservación de las riquezas adquiridas.

Por otra parte, el poder en Cuba está centralizado en el Partido Comunista, una corporación mafiosa más que ideológica o política, que según la constitución "es la vanguardia organizada de la nación cubana", y en consecuencia la institución que determina el curso del gobierno y el estado, aunque en realidad las decisiones fundamentales no las toma el pleno de los líderes de esa institución, sino un pequeño círculo de altos dirigentes, primordialmente los que integran el Buro Político.

La transición que procuran no está orientada a cambios en la concepción del poder y tampoco en el liderazgo político e ideológico del país, por lo que no es de esperar que conduzca al establecimiento de un gobierno democrático y respetuoso de los derechos humanos y en este aspecto la dictadura institucional y el despotismo electoral sobre los que se fundamenta el SSXXI son herramientas importantes.

En cierta medida el balance de la realidad cubana tal vez determinó el surgimiento de otra visión autocrática del poder, por lo que el modelo castrista y el SSXXI se retroalimentan.

Veamos:

El Socialismo del siglo XXI procura llegar al poder por el voto y cuando accede a este, reformula el estado y ajusta las instituciones a sus intereses.

La reestructuración de los poderes públicos permite establecer la dictadura institucional. El primer paso es una Asamblea Constituyente, en la que entre otros factores favorables al nuevo orden se procurara una Asamblea Legislativa, preferiblemente unicameral, en la que la facción despótica pueda actuar como aplanadora de una eventual oposición, y así legislar con la legitimidad que confiere el voto, contra el propio pueblo que la favoreció.

El control del poder Judicial es de suma importancia para que el Gobernante pueda actuar en el marco legal. La capacidad de nombrar magistrados incondicionales, la posibilidad de desacreditar y posteriormente relevar a los sediciosos es determinante. Jueces incondicionales al proyecto que encuadren en la legalidad vigente las pretensiones del gobierno, son aspectos que permiten conservar el matiz democrático de la administración.

El despotismo electoral permite el pluralismo, lo que presta una imagen de legitimidad que le falta al régimen de la isla.

La gestión económica está bajo un fuerte control estatal, pero admite el surgimiento de nuevos ricos comprometidos con el gobierno y la sobrevivencia de la vieja clase económica, siempre y cuando no enfrente al grupo gobernante. Por supuesto que esto no impide la confiscación y estatización de aquellos sectores de la economía que el poder pueda valorar como estratégicos, pero solo procuran el control de la economía en la medida que les permita mantenerse en el poder. Esa es una de las diferencias claves entre el Social-castrismo y el Socialismo del siglo XXI.

Las características personales del conductor tienen indiscutible relevancia, pero el gobierno procura crear un entramado burocrático en el que los intereses de quienes lo integran y el liderazgo político se respalden mutuamente.

Una estructura que recibe atención especial son las Fuerzas Armadas, ya que el objetivo final es convertirla en una rama del proyecto que ha asumido el control del Estado. El discurso oficial es ultranacionalista y glorificador del rol de los militares en la sociedad. Ofrecimientos de reformas institucionales y modernización de la técnica de combate. Se sensibiliza el cuerpo armado con los históricos problemas que padece la sociedad de la que proceden. Prebendas, favores, privilegios y honores también integran el cóctel con el que buscan seducir e integrar a los militares.

Las restricciones a la sociedad civil se establecen sobre los nuevos marcos constitucionales con acciones paralelas de acoso y campañas de descréditos, que pueden partir indistintamente del gobierno o sus aliados.

Los políticos contrarios al oficialismo pueden ser acusados de delitos y encarcelados. Los medios informativos son regulados por nuevas leyes y estas se aplican inexorablemente.

Controlar los medios de comunicación es un objetivo clave. La confiscación de los medios es un recurso, pero el preferido es incorporarlos al proyecto. La prensa "viste" de democracia y un periodismo cipayo es el traje de gala de la dominación, de ahí la creación de numerosos medios informativos oficiales o semi-oficiales, o la compra de antiguos medios por sicarios del régimen.

Un aspecto que atiende con especial interés el liderazgo del SSXXI son las redes sociales. Los mecanismos más modernos de la comunicación son usados para promover el proyecto y sus dirigentes. El Twitter y el Facebook están entre sus favoritos.

Sucintamente hemos podido apreciar la diferencia en los métodos del Socialismo del siglo XXI con el Social-castrismo, pero también la igualdad de fines, alcanzar el poder y controlarlo de forma absoluta por el mayor tiempo posible.

El Socialismo del siglo XXI encaja perfectamente con los intereses del régimen cubano y es de esperar por lo que se ha podido apreciar hasta este momento, que la dictadura insular busque implementar algunos aspectos del SSXXI, en particular, después que el núcleo fundador del totalitarismo[4] salga de escena.

La dictadura cubana tiene a su favor que ejerce un control total de la economía y que si el estado decide disminuir ese control hay una "gerencia": el 65 por ciento fueron militares de alta graduación, que pueden asumir con relativa independencia el manejo de las corporaciones del estado, lo que transformaría a estos individuos de privilegiados a multimillonarios.

Una situación similar ocurre con los medios de información y las organizaciones de la sociedad civil que en el presente son parte de la maquinaria estatal. Los líderes de estas entidades y empresas se convertirían unos en dirigentes independientes o en propietarios de los medios, por lo que el entramado de intereses haría viable la permanencia de la nomenclatura y el surgimiento de nuevos líderes interesados en mantener lo ya establecido.

Otro vital campo a tener en cuenta son las Fuerzas Armadas. El principal punto de apoyo del régimen ha sido el aparato militar, mucho más que la policía política, o cualquier otro organismo del estado, incluyendo al inefable Partido Comunista. Un número considerable de miembros del Comité Central del Partido son militares. Los Castro son más evocados como militares (comandantes) que como líderes político y, en las purgas que se produjeron en el gobierno en el verano y otoño de 1989, la estructura

---

4. Este grupo está integrado fundamentalmente por comandantes del proceso insurreccional. Algunos les llaman "Los Moncadistas", aunque no hayan participado en el ataque al Cuartel Moncada el 26 de Julio de 1953. Es el núcleo más conservador del régimen.

que salió más favorecida fue la militar y sorpresivamente el equipo que se suponía leal y ortodoxo, el Ministerio del Interior, fue el gran perdedor.

En lo que respecta a la dictadura institucional que caracteriza al SSXXI, el gobierno cubano no tiene que efectuar cambios. En la isla todos los poderes públicos están supeditados a la voluntad de la clase regente.

En lo que Cuba va a tener que producir cambios para poder asumir la visión de dominio del Socialismo del siglo XXI es en legitimar la pluralidad política y permitir la gestión pública de operadores políticos e ideológicos independientes del gobierno.

Hay que tener en cuenta que en los países que rige el SSXXI existía una diversidad política legal que a pesar de la victoria electoral de los promotores del nuevo despotismo, ha sido reconocida en las nuevas constituciones. En Cuba, en 1959, los partidos políticos fueron ilegalizados.

Por supuesto que la pluralidad política en los países que han instaurado el Socialismo del siglo XXI es en realidad limitada y sujeta, como se ha apuntado con anterioridad, a la voluntad oficial, pero en la isla de los hermanos Castro no existe este magro espacio.

El otro aspecto clave que el Social-castrismo tiene que cambiar no es institucional, ya que corresponde al carácter, convicciones e intereses de quienes conducen el país.

En Cuba, la intolerancia y el sectarismo han sido una práctica de estado. Perseguir al que piensa diferente es un mandato. Reprimir a quienes disientan y se opongan al gobierno es una prioridad, una característica, también presente en el Socialismo del siglo XXI, aunque con menor frecuencia e intensidad que en Cuba.

Ese cambio es fundamental para que Cuba pueda asimilarse a las autocracias del SSXXI, aunque también existe la posibilidad que esos autócratas copien al régimen de la isla y sumen a su arsenal la intransigencia de los Castro.

En la memoria colectiva de la nomenclatura castrista está presente el proceso que condujo a la extinción de la Unión Soviética, y todo parece indicar que no están dispuestos a permitir que surjan elementos que puedan destruir el régimen y terminar con su impunidad. Pero evidentemente el modelo del Socialismo del siglo XXI puede ser una alternativa de futuro para Cuba en la voluntad de los que hereden el poder, pero no parece estar presente en quienes lo detentan en la actualidad.

Cierto que se han producido ajustes económicos y algunas que otras modificaciones de carácter legal que la propia sociedad demandaba, gestiones que tal vez impulsaron sectores de la clase dirigente identificadas con el despotismo que implica el Socialismo del siglo XXI, que para ellos, no para el pueblo, puede ser la solución a los problemas que enfrenta y padece hace más de medio siglo la sociedad cubana

Esta por supuesto no sería la solución. Cuba demanda cambios estructurales, incluido un lavado a fondo de la conciencia ciudadana. El individuo debe salir de la masa, ser de nuevo ciudadano para elegir un gobierno que respete sus derechos. Retomar la soberanía perdida.

El crimen organizado transnacional, el terrorismo y los estados criminalizados en América Latina: una nueva prioridad de primer nivel para la seguridad nacional

Douglas Farah

Investigador del Centro de Evaluación de Estrategia Internacional (IASC), con sede en Washington, fue periodista y corresponsal del Washington Post. Especialista en Estudios Latinoamericanos. Cubrió la guerra civil de El Salvador y se especializó en la cobertura de narcotráfico y crimen organizado.

Cambios en la naturaleza de la amenaza

El propósito de este trabajo es identificar y explorar el papel que juegan los grupos del crimen organizado transnacional (COT) en América Latina, y la interacción de dichos grupos con las estructuras estatales criminalizadoras, las regiones "apátridas," los actores extra-regionales y las múltiples redes que la explotan.

El enfoque está especialmente en aquellas áreas que presentan o que tienen potencial de presentar una amenaza a los intereses de los Estados Unidos a nivel doméstico o internacional; además puede ser utilizada como modelo para entender amenazas similares en otras regiones del mundo.

La amenaza incluye no sólo las actividades tradicionales del COT, como el narcotráfico y el tráfico en seres humanos, sino también otras que in cluyen el potencial para el tráfico relacionado a las armas de destrucción masiva (ADM). Dichas actividades se llevan a cabo con el apoyo de actores estatales regionales y extra regionales cuyo liderazgo se encuentra profundamente enredado en actividad criminal, la cual rinde miles de millones de dólares en ingresos ilícitos cada año en la región, y billones a nivel global. Los líderes de estas organizaciones comparten una política expresada públicamente de emplear la guerra asimétrica en contra de los Estados Unidos y sus aliados y que avala explícitamente el uso de armas de destrucción masiva como táctica legítima.

Esta combinación emergente de amenazas constituye un híbrido entre franquicias criminal/terroristas, estatales y no-estatales, y combina la acción concertada de varias naciones con la función de grupos del COT tradicional y de grupos terroristas como especie de apoderados de los estados-nación que los patrocinan. Dichas franquicias híbridas deben ser vistas como una amenaza de primer nivel a la seguridad de los Estados Unidos.

Para tener la capacidad de comprender y atenuar esta amenaza, será necesaria una estrategia integral en todo el gobierno que incluya organismos de recopilación y análisis de datos, de inteligencia, de orden público, de formulación de políticas y de programación. La tradicional dicotomía estatal/no-estatal ya no funciona para iluminar adecuadamente los problemas descritos, y a la vez va desapareciendo la división entre el crimen organizado transnacional y el terrorismo.

Las franquicias operan dentro de territorios específicos controlados por ellas mismas, lo cual les permite funcionar en un ambiente relativamente seguro. Estos conductos o cadenas recombinantes de redes de conductos demuestran una gran capacidad de adaptación, por lo que logran transportar una variedad de productos ilícitos (cocaína, armas, seres humanos, grandes cantidades de dinero en efectivo) que finalmente cruzan las fronteras de Estados Unidos sin detección miles de veces al día. Los actores a lo largo del conducto forman y disuelven alianzas rápidamente, ocupan espacios físicos y también cibernéticos, y utilizan tanto instituciones modernas altamente desarrolladas, inclusive el sistema financiero mundial, como también las rutas y los métodos antiguos de contrabando.

Las ganancias a nivel global generadas por las actividades del COT, aún antes de tomar en cuenta las crecientes eficiencias derivadas del patrocinio y la protección estatal, son enormes. La mera escala del emprendimiento y el impacto que tiene sobre las economías legítimas, justifica la atención sostenida y los recursos, nacionales e internacionales, propios de una amenaza de seguridad de primer nivel. Los nuevos factores arriba mencionados incrementan aún más dicha amenaza.

Los más recientes estudios amplios sobre los ingresos globales de las organizaciones criminales hacen resaltar la magnitud del reto. La Casa Blanca, en un documento de 2011, *Strategy to Combat Transnational Organized Crime* (traducido: Estrategia para combatir el Crimen Organizado Transnacional), calcula que entre $1.3 y $3.3 billones corresponden al lavado de activos; es decir entre 2 y 5 por ciento del Producto Interno Bruto (PIB) del mundo entero. Los sobornos del COT incrementan dicha cantidad por $1 billón, el narcotráfico genera alrededor de $750 mil millones, y la venta ilícita de armas de fuego genera entre $170 y $320 mil millones. El total gira alrededor de unos $6.2 billones, 10 por ciento del PIB del mundo, ubicándolo después de Estados Unidos y la Unión Europea (UE) por muy delante de la China, al comparar los PIB de los países del mundo.[5] Otros cálculos de los ingresos globales por actividad delictiva, oscilan entre 4 y 15 por ciento del PIB global.[6]

La mayoría de los bienes y servicios que generan la riqueza arriba descrita pasan por regiones geográficas muchas veces descritas como apátridas o no gobernados. Sin embargo, dichas regiones están lejos de carecer de gobierno. En realidad representan un poderoso componente de la amenaza proveniente del COT y otros actores no-estatales que las controlan, ya sea a expensas de los estados de acogida y sus vecinos, o en alianza con los estados más fuertes que los acogen, los toleran, o los utilizan como instrumentos en su estrategia de gobernanza.

Aunque aquí se examina América Latina en particular, el mismo marco analítico puede ser utilizado en otras regiones del mundo para entender las estructuras del COT y las relaciones que tienen con los estados dentro de los cuales operan. Las redes latinoamericanas ahora se extienden no sólo a los Estados Unidos y Canadá, sino también hacia el África subsahariana, Europa, y Asia, donde han

---

5. "Fact Sheet: Strategy to Combat Transnational Organized Crime," Office of the Press Secretary, the White House, July 25, 2011.

6. En el extremo inferior, la Oficina de las Naciones Unidas contra la Droga y el Delito calcula en $2.1 billones los ingresos del COT para 2009, o el 3.6 por ciento del PIB global. Del total, aproximadamente $1 billón o el 1.5 por ciento del PIB global corresponde a las actividades típicas del COT como son el narcotráfico, lavado de activos, el tráfico en seres humanos, el tráfico de armas, y el contrabando de petróleo. Para mayor detalle vea: "Estimating Illicit Financial Flows Resulting from Drug Trafficking and other Transnational Organized Crimes," Washington, DC: UN Office of Drugs and Crime, September 2011. En el extremo mayor, en un discurso ante Interpol en Singapur, el Fiscal General Adjunto Ogden citó el volumen anual de negocios del crimen organizado transnacional en 15% de PIB. Vea: Josh Meyer, "U.S. attorney general calls for global effort to fight organized crime," Los Angeles Times, October 13, 2009, available from: http://articles.latimes.com/print/2009/oct/13/nation/na-crime13

empezado a formar alianzas con otras redes. Una clara comprensión de la manera cómo evolucionan las relaciones y de los beneficios relativos que se derivan de las relaciones entre actores estatales y no-estatales, facilitará enormemente el entendimiento de la nueva amenaza híbrida aquí descrita.

Definición de términos

No existe una definición universalmente aceptada del "crimen organizado transnacional". Aquí se define de la siguiente manera: como mínimo, los delitos serios que atraviesan por lo menos una frontera, realizados por asociaciones de individuos que cooperan transnacionalmente, motivados principalmente por el deseo de obtener beneficio financiero u otro beneficio material y/o poder e influencia.[7]

Esta definición puede abarcar varios fenómenos de vital importancia que por lo general no son incluidos en los estudios del COT:

Un espectro o continuo de participación estatal en el COT, desde los estados fuertes pero "criminalizados" hasta los estados débiles y capturados," con diversos niveles intermedios de conducta criminal por parte del estado.

Redes recombinantes de agentes criminales, con posibilidades de incluir no solo múltiples organizaciones de COT, pero también grupos terroristas, estados y sus "apoderados."

---

7. La definición es una adaptación de la Convención de la ONU sobre Crimen Organizado Transnacional de 1998 y los protocolos correspondientes, UNODC, Viena (Austria); y la Estrategia para combatir el Crimen Organizado Transnacional de 2011, http://www.whitehouse.gov/administration/eop/nsc/transnational-crime/definition

Duraderos "conductos" o cañerías geográficos para el movimiento de diversos productos y ganancias ilícitas en varias direcciones entre un destino importante y otro.

También hemos compuesto esta definición para ser ampliamente incluyente: Tiene posibilidades de incluir el mundo virtual del COT, por ejemplo las actividades ciber-criminales; Puede ser aplicada a otras regiones; el modelo de conductos y redes recombinantes ofrece un marco analítico que puede ser aplicado en múltiples regiones y circunstancias.

El término "estado criminalizado" que se utiliza en el presente trabajo, refiere a aquellos estados donde el liderazgo de alto nivel tiene conocimiento de ó participación en el COT de parte del estado, ya sea activa o por medio del consentimiento pasivo, donde el COT es utilizado como instrumento de gobernanza, y donde las palancas del poder son incorporadas a la estructura administrativa de uno o más grupos del COT. Los beneficios pueden ser para un movimiento político en particular, o en apoyo a metas teocráticas u operaciones terroristas, para ganancia personal de los involucrados o una combinación de dichos factores.

Son pocos los estados enteramente criminalizados; la mayoría opera dentro de un espectro. En un extremo están los estados fuertes pero criminales, donde el estado actúa como socio del COT o constituye un componente importante de la red del COT. En el otro extremo están los estados débiles y capturados, donde determinados nodos de autoridad gubernamental, sea local o central, han sido tomados por el COT, quienes a su vez son los principales beneficiarios de las ganancias de la actividad delictiva, pero el estado en sí no forma parte de la empresa.

Como se verá más adelante, este concepto difiere en aspectos importantes del concepto tradicional de estados "débiles" ó "fallidos," el cual presupone que un gobierno que no está ejerciendo una presencia positiva ni está cumpliendo ciertas funciones fundamentales (seguridad pública, educación, e infraestructura) no está funcionando como estado. En realidad, tales estados pueden ser muy eficientes en aquellas funciones que deciden implementar, en particular si deciden participar en una empresa criminal activa. Por opción propia, su debilidad se manifiesta en los campos de funcionamiento positivo del estado, pero no en otros aspectos importantes de gobernanza.

Actores nuevos en las relaciones entre el COT y los estados de América Latina

Organizaciones significativas del COT, principalmente los grupos de narcotráfico, han presentado desafíos serios a la seguridad de EE.UU. desde la ascendencia del cartel de Medellín a principios de la década de los 80, y el crecimiento de las organizaciones mejicanas de narcotráfico en los años 90. Además, existe en Latinoamérica un largo historial de movimientos revolucionarios, desde los primeros días de la independencia hasta los movimientos marxistas que brotaron a lo largo de la región entre los 1960 y los 1980. Dentro de este contexto, dichos grupos muchas veces sirvieron como elementos de gobernanza, principalmente para promover o combatir la propagación del marxismo en la región.

Fueron victoriosas las revoluciones marxistas en Cuba y Nicaragua, países que a su vez se convirtieron en patrocinadores externos de los movimientos revolucionarios, dependiendo ellos mismos del fuerte apoyo económico y militar de la Unión Soviética y de la red de servicios de inteligencia y seguridad de los estados alineados con ella. Los movimientos gozaron de un fuerte atractivo popular a lo largo del continente, provocando varias guerras representativas durante la Guerra Fría en las que Estados Unidos también patrocinó a grupos armados como los "Contra" en Nicaragua.

Con el fin de la Guerra Fría, el fin negociado de varios conflictos armados (el Frente Farabundo Martí para la Liberación Nacional [FMLN] en El Salvador; los Contra en Nicaragua; el Ejército Popular de Liberación [EPL], M-19 y otros grupos pequeños en Colombia), y el desmoronamiento del marxismo, la mayoría de grupos armados se insertaron en el proceso democrático. Sin embargo, no fue así para todos los grupos, y actualmente se ve una vez más el patrocinio de grupos armados no-estatales en América Latina bajo el estandarte de la "Revolución Bolivariana."[8]

También ha existido durante las dos últimas décadas, traslapo e interacción entre grupos del COT a través de varios continentes, por lo general en una escala relativamente pequeña y limitados principalmente al intercambio de bienes (cocaína por heroína) y servicios (lavado de activos, armas, refugio). En años recientes, estas múltiples relaciones emergentes han crecido hasta incluir también el apoyo a organizaciones terroristas. En los casos particulares de América Latina y el África Occidental, se han

---

8. Los estados que se autodenominan "bolivarianos" (Venezuela, Ecuador, Bolivia y Nicaragua) toman dicho nombre de Simón Bolívar, el venerado líder de la independencia sudamericana de España en el siglo 19. El grupo propugna un Socialismo del siglo 21, un concepto vago, profundamente hostil hacia las reformas del libre mercado, hacia los Estados Unidos como "poder imperial," y hacia los conceptos tradicionales de la democracia liberal, como se describirá en detalle.

documentado casos de compras ilícitas de armas y su transferencia a actores armados no-estatales.[9] Han sido identificados otros casos que no han sido estudiados de cerca, como ser los vínculos entre organizaciones de narcotráfico colombianas y traficantes de armas australianos, y se supone que y muchos más que no han sido identificados aún por las autoridades.

Recientemente se ha visto más evidencia del flujo de cocaína sudamericana, a través de Venezuela, hacia el África Occidental, en particular pasando por Mali, Guinea Bissau, y otros estados frágiles, con posibilidades de beneficiar no sólo a las estructuras tradicionales del COT de la región, sino también a entidades terroristas inclusive al-Qaeda en el Magreb Islámico (AQIM), Hezbollah,[10] y las Fuerzas Armadas Revolucionarias de Colombia (FARC).[11]

Algunos otros estados, que tradicionalmente han demostrado poco interés o influencia en América Latina, han

---

9. Uno de los casos más detallados es el de la transferencia de armas en 2001 entre operativos de Hezbollah en Liberia, un oficial israelita retirado en Panamá y un traficante de armas ruso en Guatemala. Una porción delas armas, principalmente rifles de asalto AK-47, llegaron hasta las Autodefensas Unidas de Colombia (AUC), un grupo designado como terrorista, con fuerte participación en el tráfico de cocaína. El resto de las armas, incluyendo sistemas antitanque y armas antiaéreas, probablemente hayan terminado en manos de Hezbollah. Para mayor detalle vea: Douglas Farah, Blood From Stones: The Secret Financial Network of Terror, Broadway Books, New York, 2004.

10. Para mayor detalle sobre esta situación vea: Antonio L. Mazzitelli, "The New Transatlantic Bonanza: Cocaine on Highway 10," North Miami, FL: Western Hemisphere Security Analysis Center, Florida International University, March 2011.

11. Las FARC constituye la insurgencia de mayor duración en el hemisferio occidental. Fue lanzada en 1964 a partir de las milicias del Partido Liberal de Colombia, y perdura hasta hoy, auto descrita como movimiento revolucionario marxista. Para mayor detalle, vea la historia de las FARC: Douglas Farah, "The FARC in Transition: The Fatal Weakening of the Western Hemisphere's Oldest Guerrilla Movement," NEFA Foundation, July 2, 2008, available from: http://www.nefafoundation.org/miscellaneous/nefafarc0708.pdf

surgido en la última década, principalmente a invitación de los auto-escritos estados bolivarianos en su propósito de establecer el Socialismo del siglo XXI. Dicho bloque de naciones, encabezado por Hugo Chávez de Venezuela, e incluyendo también a Rafael Correa del Ecuador, Evo Morales de Bolivia, y Daniel Ortega de Nicaragua, busca romper los vínculos tradicionales de la región con los Estados Unidos. Con este fin, la alianza bolivariana ha formado numerosas organizaciones y alianzas militares que explícitamente excluyen a los Estados Unidos, entre ellos, la academia militar en Bolivia cuyo propósito es de borrar los vestigios del entrenamiento militar de EE.UU.[12]

Como se trata en detalle más adelante, Irán, identificado por sucesivas administraciones estadunidenses como patrocinador estatal de terrorismo, ha ampliado sus alianzas políticas, su presencia diplomática, sus iniciativas comerciales, y programas militares y de inteligencia dentro el eje bolivariano. La comunidad de inteligencia en EE.UU. llegó recientemente a la conclusión de que el liderazgo iraní está más dispuesto que antes a lanzar un ataque terrorista dentro del territorio de EE.UU. en respuesta a lo que percibe como amenazas de parte de los Estados Unidos. [13]

Dicha iniciativa para ampliar relaciones se da a pesar de la carencia casi completa de vínculos religiosos, afinidad lingüística, y de una tradicional base lógica para al fenómeno. Este es uno de los principales enfoques de la

---

12. Estos incluyen la recién fundada Comunidad de Estados Latinoamericanos y Caribeños (CELAC), y la Alianza Bolivariana para los Pueblos de Nuestra América (ALBA).
13. James R. Clapper, Director of National Intelligence, "Unclassified Statement for the Record: Worldwide Threat Assessment of the US Intelligence Community or the Senate Select Committee on Intelligence," January 31, 2012, p. 6.

presente monografía, pero se ve que hay muchos actores más que también se van involucrando.

Rusia es una fuerza creciente, especialmente en México y los estados bolivarianos, donde está estableciendo su presencia por medio de ventas cada vez mayores de armas, visitas de las fuerzas aéreas y navales, una mayor presencia diplomática, y de acuerdos de cooperación nuclear con Venezuela, Bolivia, y Ecuador. Además de la creciente presencia del estado mismo, el cual es visto cada vez más como criminalizado, existe un importante incremento en la presencia de actores rusos no-estatales que se manifiestan en el COT, ampliamente involucrados en narcotráfico, contrabando de armas, y actividades del lavado de activos.[14]

La China está logrando de manera agresiva el acceso a los recursos naturales de la región, y el comercio entre Latinoamérica y la China está creciendo exponencialmente. En el transcurso de los últimos diez años, el comercio de la China con América Latina subió de $10 mil millones a $179 mil millones.[15] Su ampliada presencia ha venido acompañada de una mejor capacidad de y acceso a inteligencia a lo largo de América Latina. Al mismo tiempo, las Tríadas Chinas, remanentes modernos de las antiguas sociedades secretas chinas que se han evolucionado en organizaciones criminales, hoy operan amplios servicios de

---

14. Para el estudio más completo del crimen organizado ruso en América Latina, vea: Bruce Bagley, "Globalization, Ungoverned Spaces and Transnational Organized Crime in the Western Hemisphere: The Russian Mafia," paper prepared for International Studies Association, Honolulu, HI, March 2, 2005.

15. Ruth Morris, "China: Latin America Trade Jumps," *Latin American Business Chronicle*, May 9, 2011, available from: http://www.latinbusinesschronicle.com/app/article.aspx?id=4893

lavado de activos para organizaciones de narcotráfico por medio de los bancos chinos.

China también ha demostrado una clara disposición para rescatar a los gobiernos autoritarios que se ven en dificultades financieras, siempre y cuando el precio sea el correcto. Por ejemplo, la China prestó $20 mil millones a Venezuela en la forma de una empresa conjunta para extraer petróleo crudo, transacción que permitió a la China congelar el precio muy por debajo del mercado internacional durante diez años. El dinero llegó en momentos en que Venezuela encaraba una crisis financiera, apagones escalonados de la energía eléctrica, y una severa escasez de liquidez a lo largo de su economía.[16] Desde entonces, la China ha extendido varios préstamos de consideración a Venezuela, Ecuador y Bolivia.

La dinámica de la relación entre la China y el bloque bolivariano y sus socios no-estatales será uno de los factores clave en determinar el futuro de América Latina y la sobrevivencia del proyecto bolivariano. Sin apoyo material de consideración, es probable que el modelo económico de la alianza bolivariana se derrumbe bajo su propio peso, el peso de la ineficiencia del estatismo y la corrupción masiva, a pesar de contar los países con abundantes recursos naturales.

Sin embargo, los líderes chinos probablemente comprendan que una sustitución del liderazgo de la estructura

---

16. Daniel Cancel, "China Lends Venezuela $20 Billion, Secures Oil Supply," Bloomberg News Service, April 18, 2010. Para fines de agosto del 2011, la deuda públicamente reconocida de Venezuela hacia la China había alcanzado $36 mil millones, equivalente a todo el resto de su deuda externa pendiente. Vea: Benedict Mander, "More Chinese Loans for Venezuela," FT Blog, September 16, 2011, viewed at: http://blogs.ft.com/beyond-brics/2011/09/16/more-chinese-loans-4bn-worth-for-venezuela/#axzz1Z3km4bdg

bolivariana por fuerzas verdaderamente democráticas podría resultar en una pérdida significativa de su acceso a la región, y la suspensión de contratos existentes. Esta situación constituye un incentivo para la China de continuar algún tipo de apoyo al proyecto bolivariano hacia el futuro, aún en caso de desaparecer los líderes como Chávez y Fidel Castro, cuya salud es actualmente precaria.

Los grupos del COT de origen nigeriano han estado especialmente activos en el Ecuador, donde llamaron la atención de la policía debido a la extrema violencia del grupo, incluyendo la decapitación de sus rivales. [17]

Las situaciones descritas indican la existencia de múltiples grupos, tanto terroristas y criminales, como también algunos estados extra-regionales, que están ampliando y profundizando sus relaciones, lo cual sugiere que la tendencia podría extenderse más allá de Latinoamérica. Aunque han existido en el pasado algunos estados criminalizados (el régimen de los "coroneles de la cocaína" bajo García Meza en Bolivia en 1980, y el de Desi Bouterseen Surinam en los 1980, por ejemplo), lo que es nuevo en la estructura bolivariana es la fusión simultánea y de apoyo mutuo con las actividades del COT a través de múltiples plataformas estatales y no-estatales. García Mesa, Bouterse, y otros recibieron por lo general el trato de paria internacional con poco apoyo externo; en contraste, los nuevos estados criminalizados ofrecen entre sí apoyo económico, diplomático, político, y militar, lo cual los protege del aislamiento internacional y permite la elaboración de estructuras que se refuerzan mutuamente.

---

17. "Quito y Buenos Aires, Ciudades preferidas para narcos nigerianos," *El Universo*, Guayaquil, Ecuador, enero 3, 2011.

Una de las metas del presente trabajo es de demostrar la conectividad entre los mencionados grupos dispares que operan a lo largo de diferentes porciones geográficas del conducto criminal-terrorista. Lejos de operar de forma aislada, los grupos tienen interacciones complejas pero importantes entre sí, en base principalmente a la habilidad de cada actor o conjunto de actores de proveer servicios críticos al tiempo de beneficiarse mutuamente de sus transacciones.

La presente conceptualización amplía sobre el modelo desarrollado por Louise Shelley *et al.* Para describir la relación entre grupos terroristas y el COT[18]; se agrega un elemento cuando los estados criminalizados se apropian de o fusionan con los grupos híbridos como las FARC en Colombia y ETA en España. Existe una visión política generalizada que justifica el apoyo por parte del estado al COT como un dispositivo más en la caja de herramientas de los revolucionarios del siglo 21.

La naturaleza de la amenaza en las Américas
No son suficientes los paradigmas existentes

El control de grandes extensiones de territorio en América Latina por los grupos no-estatales arriba descritos, no sólo facilita el movimiento de productos ilegales hacia el norte y también hacia el sur por medio de redes de conductos transcontinentales, pero también contramina la estabilidad de una región entera de gran interés estratégico para los Estados Unidos. Tradicionalmente se entiende la amenaza como procedente del movimiento ilícito de bienes

---

18. Louise Shelley, "The Unholy Trinity: Transnational Crime, Corruption and Terrorism," *Brown Journal Of World Affairs*, Vol. XI, Issue 2, Winter/Spring 2005,.

(drogas, dinero, armas, y vehículos robados), de gente (el tráfico de seres humanos, pandilleros, sicarios de los carteles de droga) y de los 15 miles de millones de dólares que generan dichas actividades en una zona donde los estados tienen pocos recursos y poca capacidad jurídica y de control del orden público.

Moisés Naim escribe lo siguiente:

Al final de cuentas, es el tejido de la sociedad que está en juego. El comercio ilícito global está fundiendo industrias enteras a la vez que fomenta otras, asolando algunos países, encendiendo los "boom," decidiendo el éxito o fracaso de carreras políticas, desestabilizando a algunos gobiernos y apuntalando a otros.[19]

La amenaza crece dramáticamente cuando los grupos criminales/terroristas anidan dentro de los gobiernos que se alinean ideológicamente, como es el caso de Irán y los estados bolivarianos de América Latina, y que han sido identificados como patrocinadores de grupos designados como terroristas, inclusive aquellos que participan activamente en el comercio del narcotráfico. Dichos estados han declarado públicamente sus aspiraciones nucleares y su capacidad de mover por medio de sus conductos, grandes cantidades del producto que sea, inclusive armas de destrucción masiva y componentes para las mismas.

Los grupos híbridos ya descritos controlan importantes porciones de los conductos ilícitos transnacionales junto con otros grupos del COT (especialmente grupos mejicanos, pero también colombianos y centroamericanos) que con impunidad cruzan la frontera entre Estados Unidos y México miles de veces al día con productos

---

19. Moises Naim, *Illicit: How Smugglers, Traffickers, and Copycats are Hijacking the Global Economy,* New York: Anchor Books, 2006, p. 33.

ilegales y clandestinos por valor de miles de millones de dólares. Muchos de los conductos se topan con vitales vías de transporte legítimo y zonas comerciales de vital importancia para los Estados Unidos.

Robert Killebrew[20] y Max Manwaring[21] argumentan de manera convincente que algunas partes de este peligroso coctel pueden denominarse insurgencias (la narco-insurgencia en México y las pandillas en Centroamérica), sin embargo, la nueva combinación del COT, los estados criminalizados y las organizaciones terroristas, presentan una realidad nueva que rompe con los paradigmas tradicionales.

El apoyo estatal al COT, las multifacéticas avenidas de cooperación y competencia, y los intereses comunes y en competencia entre los actores, ha cambiado de manera significativa el panorama de estado/COT/terrorismo. Aunque México no es el punto de enfoque de la presente monografía, las convulsiones regionales desde México y a través de Centroamérica no son vistas como narco-insurgencias. Más bien, la combinación híbrida de grupos con una variedad de motivaciones, que incluye el COT, grupos insurgentes, y estados criminalizados que han declarado su odio por Estados Unidos, es algo nuevo y en muchos aspectos más peligroso que las tradicionales insurgencias.[22]

---

20. Bob Killebrew and Jennifer Bernal, "Crime Wars: Gangs, Cartels and U.S. National Security," Washington, DC: Center for New American Security, September 2010, available from http://www.cnas.org/files/documents/publications/CNAS_CrimeWars_KillebrewBernal_3.pdf

21. Max G. Manwaring, Street Gangs: The New Urban Insurgency, Carlisle, PA: Strategic Studies Institute, U.S. Army War College, March 2005.

22. Así como también en Centroamérica y Colombia, en México existen santuarios utilizados durante siglos por forajidos, donde el estado ha tenido poca autoridad. Para ver una explicación completa, consulte: Gary Moore, "Mexico, the Un-failed State: A Geography Lesson," *InsightCrime*, November 9, 2011,

El evismo: ¿democracia o dictadura?

Emilio Martínez Cardona

Escritor, periodista y analista político. Recibió el premio nacional de Literatura "Santa Cruz de la Sierra", así como el Premio Municipal de Literatura de Montevideo (Uruguay). Ha escrito 14 libros entre ellos "Ciudadana X: la historia secreta del evismo".

I. La definición del régimen

Distintos análisis en los últimos tiempos han intentado definir las características centrales del régimen instaurado por Evo Morales. La mayoría de estas opiniones ponen seriamente en entredicho la vocación democrática del evismo:

Régimen híbrido
La publicación británica *The Economist* publica un índice anual donde ubica a los países en cuatro categorías: "democracias plenas", "democracias imperfectas", "regímenes híbridos" y "dictaduras". Bolivia fue clasificada entre los híbridos, donde se combinan formas democráticas y autoritarias.

Estado fallido
Para el periodista Humberto Vacaflor, Bolivia bajo Evo Morales se encamina a ser un "Estado fallido", donde el gobierno no podría controlar la totalidad del territorio nacional, como fruto de una decisión estratégica encaminada

---

accessed at: http://insightcrime.com/insight-latest-news/item/1820-mexico-the-un-failed-state-a-geography-lesson

a favorecer a ciertos sectores de la economía ilícita, como el narcotráfico.

Narco-Estado

Coincidentemente, el analista norteamericano Douglas Farah dice que Bolivia sería uno de los "Estados criminalizados" de América Latina o "Narco-Estado", donde las organizaciones del narcotráfico habrían penetrado altas esferas de gobierno.

Democracia aparente

Por su parte, el extinto sociólogo José Mirtenbaum definía al régimen actual como una "democracia aparente", es decir, un gobierno autoritario que mantendría una fachada democrática.

Decisionismo presidencial

Para el politólogo Fernando Mayorga, el sistema de gobierno del Estado Plurinacional está centrado en "una concentración de poder que termina en una cúspide, el decisionismo presidencial, al que se someten (voluntariamente o no) los demás espacios de la política institucional".

Régimen iraní

La senadora opositora Carmen Eva González ha utilizado la expresión "régimen iraní" para referirse a la administración evista, señalando la creciente influencia de Teherán en el país.

País parcialmente libre

La organización internacional *Freedom House* calificó a Bolivia como un país "parcialmente libre", donde se combinan la hostilidad hacia la prensa, las detenciones indebidas y la crisis en el sistema judicial.

Régimen totalitario

Una de las definiciones más duras es la del diario paraguayo ABC Color, que adjudica al evismo el carácter de "régimen totalitario" que estaría convirtiendo a Bolivia en un "país cárcel", en alusión a los prisioneros políticos.

Democracia comunitaria

Por último, tenemos la autocalificación que hace de sí el régimen por boca de su ideólogo, el vicepresidente Álvaro García Linera, quien habla de una "democracia comunitaria" contrapuesta a la democracia liberal.

Incluso en la edulcorada autodefinición oficialista, queda en evidencia que la Bolivia evista se ha aventurado en una zona borrosa más allá de los límites del Estado de Derecho y de las libertades republicanas, aproximándose peligrosamente al hegemonismo dictatorial.

II. El (des) montaje institucional

La nueva Constitución: piedra angular del Estado neo-autoritario

En los últimos años, Bolivia ha pasado de ser una República a convertirse en un Estado Plurinacional, figura sui generis con la que se camufla un orden neo-autoritario. Este nuevo orden de tendencias totalitarias tiene su piedra angular en la nueva Constitución Política del Estado, que fue aprobada violando las disposiciones de la Ley de Convocatoria de la Asamblea Constituyente, que establecía el principio de los 2/3. Su aprobación tuvo lugar en el cuartel de La Calancha y fue bautizada con la sangre de tres universitarios de Sucre que fueron asesinados por fuerzas policiales en los alrededores de ese lugar.

La reelección: eje de la nueva CPE

La disposición central de la nueva CPE (Constitución Política del Estado), y que interesaba ante todo al MAS (Movimiento al Socialismo), era la reelección, el primer paso hacia la perpetuación en el poder. Recordemos que Evo Morales dijo en un discurso en el Palacio Quemado que su grupo político llegó al gobierno para quedarse 50 años. Tenemos entonces una intención confesa de romper el principio democrático de la alternancia.

Aunque la reelección fue establecida para una sola vez, el Movimiento Al Socialismo y su Tribunal Constitucional hacen una interpretación flexible de la Carta Magna, en función de su conveniencia.

El fin del Estado de Derecho

Aun cuando la nueva CPE fue la herramienta básica para establecer el nuevo régimen hiper-presidencialista, Evo Morales y su partido no han dudado en violarla cuando les ha parecido necesario. El mismo presidente indicó con desvergüenza que él "le mete nomás" a las medidas ilegales, y después "que lo arreglen sus abogados".

De esta manera Bolivia se ha colocado fuera del Estado de Derecho. Estamos ante un nuevo tipo de gobierno de facto, que ha utilizado las urnas para llegar al poder pero que no lo ejerce de manera democrática.

Más allá de la República

Un pilar principal de este nuevo régimen antidemocrático es la violación del principio republicano de la independencia de poderes. El Ejecutivo somete tanto al Legislativo como a la Justicia.

El Poder Legislativo, ahora reducido a la condición de "Órgano", se limita a aprobar las iniciativas enviadas por el Ejecutivo. Aunque varios parlamentarios de oposición ejercen el derecho a la fiscalización, el oficialismo aplica el rodillo con sus legisladores "levantamanos".

El sistema judicial está sometido a una fuerte injerencia gubernamental, como lo reconoció incluso el Alto Comisionado de Naciones Unidas para los Derechos Humanos. De esta forma la justicia se convirtió en una maquinaria para perseguir a quienes piensan diferente.

Autoritarismo electivo

Estas prácticas hacen que el gobierno de Evo Morales ya no pueda ser calificado como plenamente democrático, sino más bien como un régimen híbrido, que combina algunos procedimientos residuales de la democracia con otros francamente autoritarios.

Podemos decir que Bolivia, con el evismo, tiene un pie dentro de la democracia y otro fuera de ella.

Resultados del neo-autoritarismo

La consecuencia de este nuevo orden autoritario es la muerte de alrededor de 100 bolivianos, muchos de ellos a manos de fuerzas policiales y militares, o por la acción de las milicias sindicales del oficialismo. Por otra parte, hay unos 40 presos políticos, muchos de ellos en calidad de detenidos preventivos, violando ampliamente el límite de tiempo establecido en nuestra legislación.

De acuerdo a cifras del Alto Comisionado de Naciones Unidas para los Refugiados (ACNUR), hay actualmente casi 800 exiliados bolivianos en distintas partes del mundo. El último reporte de ACNUR, previo a la salida del senador Róger Pinto y del ex fiscal Marcelo Soza al Brasil, hablaba de 775 refugiados.

III. Hacia el narcoestado

Un análisis comparativo sobre los resultados de la lucha contra el narcotráfico en Bolivia y Colombia en el periodo 2005-2013 pone de relieve la enorme diferencia entre los resultados obtenidos en nuestro país y los alcanzados en la nación hermana. Con base en los monitoreos sobre cultivos de coca realizados por la oficina antidroga de Naciones Unidas (UNODC), queda claro que, mientras Bolivia aparece estacionaria alrededor de las 25 400 hectáreas, Colombia logró una drástica reducción de cultivos a menos de la mitad, de 86 000 hectáreas a 48 000.

Si tenemos en cuenta la modernización tecnológica en la fabricación de droga, resulta que Bolivia ha duplicado su producción, pasando de 90 toneladas métricas de cocaína en el 2005 a 160-200 toneladas métricas en el 2013. En igual periodo, en cambio, Colombia redujo su producción de 640 tn a 249-331. Es decir, prácticamente a la mitad.

¿Cuáles son las diferencias en las políticas antidrogas de ambas naciones, que arrojan resultados tan diferentes? Por una parte, Colombia no muestra tolerancia hacia los cultivos excedentarios (coca-para-cocaína), como si parece suceder en el Estado Plurinacional que conduce Evo Morales. Y, por otro lado, los colombianos han preservado su conexión con la lucha global contra las drogas, en buena medida coordinada por la DEA. Agencia que, como sabemos, Morales se apresuró a expulsar.

Tenemos entonces que el fracaso de la política antinarcóticos del régimen evista es el imán que atrae a cárteles o clanes internacionales de la droga a Bolivia, presencia que a su vez se traduce en un desmejoramiento de los indicadores en materia de seguridad ciudadana.

IV. Mitos de la Evomanía

Un artículo escrito por la corresponsal en La Paz de la revista América Economía, Jean Friedman-Rudovsky, está siendo ampliamente difundido desde esferas gubernamentales. La nota, que busca destacar los "logros" de la política económica de Evo Morales (Evonomics, que traducimos aquí como "Evonomía"), combina de tal forma medias verdades con distorsiones, sesgos, omisiones y errores, que puede tener un importante efecto desinformativo. Merece, por lo tanto, un análisis detallado. Veamos los puntos principales del artículo:

Récord de reservas internacionales

La nota habla sobre los 8.000 millones de dólares de reservas (acumulados durante la etapa de alza de los precios internacionales) pero omite hablar sobre el reverso de la medalla: los 12.500 millones de dólares de deuda interna y externa acumulados hasta el momento por el gobierno de Evo Morales, según datos de Cainco. Datos que no tienen en cuenta los últimos endeudamientos externos, que agregan otros 1.000 millones de dólares a las cuentas negativas.

Uno de los crecimientos más altos de América Latina

Friedman-Rudovsky escribe que el promedio de crecimiento de la economía boliviana bajo Evo Morales ha sido "del 5,2% anual", agregando que sería uno de los más altos del continente. No sabemos de dónde extrae tal cifra, pero sí conocemos las de la Fundación Jubileo (Iglesia Católica), donde se indica que el promedio ha sido del 4,7% anual. Estos números deben contrastarse, por ejemplo, con los de la república del Perú, que ha tenido en el mismo periodo un crecimiento promedio del 8% anual. Prestigiosos economistas han señalado que Perú podría considerarse como el contrafactual de la economía boliviana, es decir, el modelo de lo que podría haber sucedido con Bolivia si hubiera tomado un rumbo similar, suscribiendo un tratado de libre comercio con Estados Unidos (TLC) y optando por la iniciativa privada como generadora de riqueza y empleo.

La inflación ha caído significativamente

En este punto se distorsiona la realidad, ya que no existe caída significativa alguna respecto a los gobiernos anteriores (que en general controlaron correctamente la inflación desde la negativa experiencia de la UDP). Es necesario acotar que los métodos utilizados por el Instituto Nacional de Estadística (INE) para el cálculo de las variaciones al Índice de Precios al Consumidor (IPC) han sido cuestionados, por incluir en la "canasta familiar" productos ajenos a ella (por ejemplo, celulares) que tienden a bajar el promedio.

La economía boliviana tiene otro motor

Según el ministro de hacienda Luis Arce Catacora, cuya opinión es varias veces citada en la nota, el "éxito" de la "Evonomía" se debería a que Bolivia ya no depende solamente de los precios internacionales, sino que ahora cuenta con "otro motor" que sería la demanda interna. Punto sumamente discutible, ya que la demanda interna no puede haber crecido si durante el gobierno de Evo Morales el desempleo trepó del 8% al 11%, lo que equivaldría a casi 300.000 puestos de trabajo perdidos. En lo que sí coincidimos con el ministro Arce es en la existencia de un "segundo motor", sólo que este sería el narcotráfico, que estaría inyectando en la economía boliviana más de 1.000 millones de dólares al año.

Se incrementó la participación del Estado en el sector hidrocarburos del 20% al 80%

El artículo de Friedman-Rudovsky vuelve a distorsionar los hechos al señalar que la participación del sector estatal en los hidrocarburos habría subido del 20% al 80% en el actual gobierno. Lo cierto es que la participación pública creció fuertemente con la Ley de Hidrocarburos promulgada en el 2005, año anterior al ascenso de Evo Morales al poder. Con esa norma el Estado pasó a percibir el 50% de la renta hidrocarburífera. Posteriormente, el decreto de "nacionalización" incrementó el porcentaje, que con los descuentos por costos que permiten los nuevos contratos quedaría en un 62,5% del negocio para las arcas públicas. De manera paralela, la política de hidrocarburos de la "Evonomía" generó una ralentización de las inversiones petroleras, pérdidas de mercados externos (Brasil procura su autosuficiencia) y crecientes problemas en el abastecimiento interno de gasolina.

Inversión extranjera detenida... por culpa de la oposición

En este punto se desnuda un sesgo ideológico de la nota, al atribuirse la paralización de la inversión extranjera a "la inestabilidad política en el oriente del país, controlado por la oposición". Un argumento que ya no puede ser atribuible al error sino a la deshonestidad. Por supuesto, el artículo obvia cualquier mención a la inseguridad jurídica generada por las estatizaciones discrecionales y por la encendida retórica presidencial.

"Un gobierno felicitado por el FMI"

He aquí una verdad-boomerang: el gobierno sí ha sido felicitado por su corrección macroeconómica, lo que significa que tuvo el acierto de no hacer grandes cambios a la política ortodoxa heredada de los odiados gobiernos neoliberales.

En resumen, el artículo es una buena muestra de la efectividad del Ministerio de Hacienda en materia de lobby mediático. Si la realidad del país no se corresponde con las ficciones divulgadas, habrá que reconocer que han sabido venderlas muy bien.

El Kirchnerismo: versión argentina del Socialismo del siglo XXI

Nicolás Márquez

Escritor, periodista y abogado argentino que ha investigado las personalidades del mundo latinoamericano, como al presidente Rafael Correa. Escribió el libro "El Cuentero de Carondelet".

El Presidente de facto

Luego del golpe de Estado al Presidente Fernando De la Rúa[23] en el año 2001, en un marco de protesta social y "corralito bancario"[24], accede al poder nuevamente el omnipresente peronismo. Tras denodadas negociaciones legislativas, diversos dirigentes de este partido se convirtieron en presidentes fugaces —duraron tan sólo horas o días en el cargo— y así Ramón Puerta, Eduardo Caamaño y Adolfo Rodríguez Saá se dieron el gusto de colocarse la banda presidencial por un rato y sacarse la foto para la posteridad. Finalmente, tras la renuncia de Rodríguez Saá, sería Eduardo Duhalde, quien precisamente había sido derrotado por De la Rúa en las urnas dos años atrás, el beneficiado definitivo del derrocamiento del Presidente radical.

En medio de una situación de gravísima inestabilidad, el Presidente de facto Eduardo Duhalde tenía que llamar a elecciones y buscaba un aliado al cual prestarle y transferirle la estructura y los votos del rufianesco aparato

---

23. Asumió la Presidencia en el año 1999 por medio de una alianza socialdemócrata.
24. Así se le llamó a la imposibilidad de los ahorristas de retirar sus depósitos en dólares de los bancos.

clientelista peronista. Este previamente intentó convencer a dos referentes importantes de su partido a que sean candidatos, pero tras fracasar las negociaciones con estos[25] Duhalde terminó arribando a un pacto con el Gobernador de Santa Cruz, Néstor Kirchner, quien finalmente se consagró Presidente, con la más baja adhesión electoral en la historia de la República (con tan sólo el 22% de los votos).

Néstor Kirchner Presidente

Acumulando poder con base en prepotencias y comprando voluntades de cualquier manera y de cualquier procedencia partidaria —*modus operandi* denominado por el propio Kirchner como "transversalidad"—, en sus primeros tiempos Néstor conformó un gobierno que, fiel al estilo amorfo de su partido, estaba compuesto por personajes de procedencia heterogénea además de una abundante presencia de terroristas de los años 70 en su etapa inicial[26].

En estos primeros pasos, aprovechando una repentina coyuntura internacional extraordinariamente favorable en cuanto al precio de los commodities —situación que perdura hasta nuestros días— Kirchner puso en marcha una

---

25. Las dos personas a las que Duhalde tentó para ser candidatos presidenciales fueron el Gobernador de Córdoba José Manuel de la Sota y el ex Gobernador de Santa Fe Carlos Reutemann

26. Una vez en el poder, Kirchner intoxicó la administración pública con personajes como Eduardo L. Duhalde (ex montonero, abogado de terroristas y operador político del ataque a La Tablada en 1989) en el cargo de "Secretario de Derechos Humanos"; el ex montonero Enrique Albistur en la Secretaría de Comunicación, el ex montonero Carlos Kunkel en la Subsecretaría de la Presidencia; el ex montonero Juan Carlos Dante Gullo como Asesor Presidencial; el ex montonero Eduardo Sigal, Subsecretario de Integración Americana; el ex montonero Juan González Gaviola, Interventor del P.AM.I; el ex montonero Jorge Taiana como Secretario de Relaciones exteriores; la ex montonera Patricia Vaca Narvaja, Secretaria de Defensa del Consumidor, y se designó como canciller al ex Montonero Rafael Bielsa entre otros personajes vinculados con el terrorismo de los años 70.

política de dispendio entregando subsidios a todo propósito, repartiendo planes sociales y llevando adelante estatizaciones varias, a pesar de que la Argentina ya había fracasado con estas mismas recetas y que desde hacía años el mundo próspero y civilizado había abandonado por inservibles a las economías centralizadas.

Entre las nacionalizaciones más recordadas de la primera etapa kirchnerista encontramos la de ENARSA[27], Correo Argentino, Aguas Argentinas, la absorción de los ramales ferroviarios y el incremento en la participación estatal en Aerolíneas Argentinas. Estos dispendios trajeron como consecuencia el aumento del gasto público y el regreso de la inflación: en el 2003 fue sólo de 3,7% pero dos años después, en el 2005, ya treparía al 12,3%[28] con tendencia ascendente hasta la actualidad (30% promedio anual).

"Paratodismo" a la marchanta [29]

Una de las políticas impulsadas por el gobierno de Néstor y luego continuada por Cristina (su esposa y heredera dinástica), es aquella que bajo el amparo de "incluir" a los postergados, consistió en financiar y subsidiar todo tipo de emprendimientos y prestaciones, desde aquellas arbitrariamente consideradas "esenciales" hasta entretenimientos de quinto orden.

Cada vez que se lanzó alguna de estas propuestas "inclusivas", el aparato de propaganda del régimen apeló oficialmente al eslogan "para todos", lema demagógico típico en todo Estado paternalista y caudillista. En efecto, no

---

27. "Energía Argentina SA". http://www.enarsa.com.ar/index.php/es/
28. Levy Yeyati, Eduardo. Novaro, Marcos. Vamos por todo. Buenos Aires, Sudamericana, 2013, p. 28.
29. "A la marchanta" es un argentismo, vocablo del lunfardo que significa "Acto de arrojar confites o monedas para que los disputen otros, especialmente niños".

hay dudas de que este tipo de maniobras "englobadoras" son de suyo amables y simpáticas. Pero el funcionamiento y sus resultados pertinentes acaban siendo cultural y económicamente desastrosos. Por un lado, sobra decir que los sectores beneficiados con las migajas que el Estado "benefactor" reparte con plata ajena son utilizados y condicionados electoralmente dentro del sistema clientelar del oficialismo, a los efectos de mantener a las muchedumbres subsidiadas en el denigrante "voto cautivo". Por otro lado, estas políticas van instalando en estos mismos sectores no una cultura del esfuerzo y de la motivación, sino de la dependencia y la pereza. Finalmente, los sectores que sí trabajan y producen se sienten saqueados por un Estado que les impone una fortísima presión tributaria e inflacionista que no sólo genera desmotivación sino que divide a los sectores sociales en un clima de hostilidad y desconfianza.

¿Para quién se trabaja en la Argentina? ¿Para los intereses propios o para los del Estado kirchnerista? Interesa la pregunta porque sin contar la inflación (dato no menor), según el sueldo del que disponga cada argentino, éste trabaja entre 6 y 7 meses por año solamente para pagarle al Estado y recién desde entonces el excedente es para beneficio propio. Insistimos: sin contabilizar aquí el impuesto inflacionario[30].

Hacia el poder absoluto

Con un notable viento de cola a favor en términos de un estupendo contexto económico que desde el 2003 a la fecha nunca cesó, el matrimonio Kirchner fue construyendo

---

30. Hasta hoy, un trabajador solo ganó para pagar los impuestos. Tras 171 días, quienes cobran $6000 se liberan de esa carga. Ver diario La Nación, 19 de junio de 2012,

poder con prisa y sin pausa, condicionando legisladores, intendentes, gobernadores y brindando generosos espacios publicitarios al grueso de la prensa obsecuente en detrimento del periodismo independiente.

Pero el gran ataque de Kirchner a la división de poderes, se dio (además de la constante compra de diputados) con el desmantelamiento de la Corte Suprema —derrocando a cuatro miembros que no se subordinaban al Ejecutivo y colocando en su reemplazo a cuatro funcionarios afines— y la posterior reforma del Consejo de la Magistratura —a efectos de controlar también el nombramiento y ascenso del resto de los jueces del Poder Judicial.

En efecto, Kirchner al asumir necesitaba obtener los votos favorables de la Corte Suprema de Justicia, pero los números no le favorecían. Entonces precisó cambiar a sus miembros a través de un derrocamiento virtual. En consecuencia, valiéndose de la Cadena Nacional y utilizando a sus domesticados legisladores, los jueces de la Corte díscolos fueron amedrentados bajo amenaza de que si no renunciaban a sus cargos serían removidos por "juicio político" por el Congreso y, con esto, los Magistrados ni siquiera podrían gozar de haberes previsionales. Se forzó así la renuncia de los jueces insumisos bajo el absurdo pretexto de querer erradicar "la Corte adicta". ¿Adicta a quién?, preguntamos. Al Presidente Carlos Menem, según acusaba Kirchner en las barricadas. Pero Menem no gobernaba el país desde 1999, de modo que el vicio de "adicción" ya no existía. Ocurre que la Corte no era adicta a Kirchner, y por ende éste necesitaba armar una nueva a su talla. Esta fue la primera maniobra fuerte para forjar su caciquismo.

Una vez arrancadas las renuncias y producidas las vacantes, se impuso en la Corte al polémico abolicionis-

ta, evasor fiscal y locador de prostíbulos Eugenio Zaffa-
roni (resultó ser luego el Magistrado más obsecuente de
la Suprema Corte). Seguidamente se colocó a Carmen Ar-
gibay y, junto a otros juristas como la Dra. Elena Highton
de Nolasco y el Dr. Ricardo Lorenzetti, Néstor armó su
nuevo órgano satélite para llevar adelante sus propósitos
revanchistas y políticos. El trueque para con los nuevos
magistrados a cambio del nombramiento habría consisti-
do en que éstos avalaran dos medidas inconstitucionales:
la pesificación de los ahorros y la anulación de las leyes
de Obediencia Debida y Punto Final, a fin de comenzar a
iniciar con "efecto retroactivo" y violación del principio de
"cosa juzgada" encarcelamientos indiscriminados a militares octogenarios que tres o cuatro décadas atrás habían
combatido victoriosamente contra el terrorismo y la guerrilla castrista de los Montoneros, el ERP y el resto de las
estructuras subversivas que en los años 70 atacaron al país
llevando a cabo 21700 atentados entre 1969 y 1979.

La heredera dinástica
Con la soja y los productos agropecuarios a precios históricos y un buen consenso en el electorado con motivo
de la bonanza, procurando alentar un proyecto de reelección matrimonial indefinida, Néstor Kirchner decidió en
el 2007 no ir por la reelección como Presidente sino colocar
en ese lugar como candidata a su esposa, la Senadora
Cristina Fernández de Kirchner. De esta manera, como la
Constitución Nacional impide al Presidente ejercer más de
dos mandatos consecutivos, en vez de reformar la Carta
Magna se buscó rotar alternadamente la presidencia en el

seno de la pareja y así imponer una "reelección matrimonial indefinida".

Finalmente, con una oposición fragmentada y debilitada —situación que se extiende hasta nuestros días—, el 28 de octubre de 2007, la fórmula presidencial Cristina Kirchner-Julio Cobos se consagró ganadora, obteniendo el 45,29% de los votos. Cristina asumió su cargo el 10 de diciembre de 2007, pasándole el mando su marido a ella misma, como si el poder institucional fuera una suerte de bien ganancial o un mero pasamanos conyugal.

El primer conflicto importante que tuvo que enfrentar Cristina como Presidenta fue con el campo en marzo de 2008, cuando su gobierno impuso por medio de una resolución ministerial el aumento de las retenciones a las exportaciones agrícolas por tercera vez consecutiva en menos de un año, tornando la situación en una clara confiscación encubierta. Así pues, el 11 de marzo de 2008 se anunció la resolución 125 del Ministerio de Economía, la cual subía del 35% al 44% las retenciones para la soja y del 32% al 39 % para el girasol. Al día siguiente del anuncio, las principales entidades agrícolas convocaron a un paro de dos días en la comercialización de sus productos. Se vivió a partir de entonces una intensísima puja que, con distintos niveles de intensidad, ha durado hasta nuestros días.

Sin embargo, la voracidad estatista no se detuvo con el campo sino que prosiguió con su histeria confiscatoria buscando nuevas "cajas" para saquear. Si bien el último antecedente —previo a intentar piratear al campo— ya lo había dado Néstor poco antes de entregarle el mandato a su consorte (reestatizando el sistema provisional), promediando el año 2008 Cristina hizo lo suyo echando mano en las reservas del Banco Central y la consiguiente modificación de su Carta Orgánica[31]. Seguidamente vendría otra expropiación (y otro fracaso): el de Aerolíneas Argentinas, inmediatamente entregada a los filibusteros de La Cámpora[32]. ¿Resultado a la fecha de este renovado experimento "emancipador"?: antes de la estatización de Aerolíneas Argentinas, 30 de cada 100 personas la elegían para volar al exterior. Tras la gestión estatal, sólo 18 de cada 100 pasajeros la eligen forzosamente.[33]

Lo curioso es que estas maniobras desesperadas en las que se pretende secuestrar fondos a todo propósito para tapar los agujeros fiscales, podría entenderse o justificarse en un dramático contexto de crisis, sin embargo, esto se daba en el mejor momento posible para la Argentina: a mediados de 2008, los *commodities* tocaban su techo histórico con la soja a 609 dólares la tonelada, el trigo a 320 dólares y el petróleo a 145. Es decir, en el máximo esplendor de nuestros precios en la historia Argentina, el kirchnerismo gobernaba con la emergencia y el apuro económico propio de un país que padecía no una bonanza sino un cataclismo.

Muerte de Néstor Kirchner

Hacía tiempo que Néstor venía con no pocas complicaciones de salud, motivo por el cual tuvo que internarse varias

---

31. La modificación de la Carta Orgánica aprobada por Senadores el 22 de marzo de 2012.
32. Organización kirchneirsta de militancia juvenil, la cual se llama así en homenaje a Héctor Cámpora, Presidente argentino peronista ligado al terrorismo Montonero. Gobernó sólo 49 días en 1973 y renunció en medio de una cruenta guerra civil desatada por la guerrilla.
33. Levy Yeyati, Eduardo. Novaro, Marcos. Ob. Cit., p. 290.

veces ese año. No obstante, lejos de tomar los recaudos de rigor, aquel se sometía a una enérgica actividad política no exenta de estrés. Lo cierto es que estaba pasando por un momento en el cual su popularidad estaba en el subsuelo (acababa de perder las elecciones legislativas del año 2009) y su poder de convocatoria se hallaba desinflado. Ya en el mes de septiembre del 2010, Kirchner tuvo que internarse nuevamente por una indisposición y se le hizo una intervención médica delicada en la cual le fue colocado un *stent*[34], el cual, según varios facultativos, se habría tapado meses después a causa de la automedicación en la que el santacruceño irresponsablemente solía incurrir, precipitando así su propia muerte. En efecto, el 27 de octubre, en medio del feriado por el censo nacional, a media mañana, los diarios y noticieros del país sacudieron a la opinión pública informando que Néstor Kirchner acababa de morir.

La función fúnebre

A partir de su muerte, el régimen comenzó a edificar un relato sensiblero e idolátrico en recordación y evocación permanente de Néstor Kirchner, *show* que empezó a gestarse la misma noche de su deceso. Tanto es así que el encargado de montar la escena del velatorio de Kirchner fue el productor de espectáculos Javier Grossman, quien ya contaba con el antecedente de haber dirigido la celebración del Bicentenario[35] y organizar el grueso de los festivales y entretenimientos oficialistas. El dato no es menor, pues-

---

34. El término stent es un anglicismo médico de uso común para denominar una cánula o de uso endoluminal, que se coloca en el interior de una estructura anatómica.

35. El 25 de mayo de ese mismo año.

to que revela la intencionalidad del gobierno en cuanto a montar el acontecimiento mortuorio con inequívocos fines proselitistas.

La gracia del Estado

Si bien Cristina formalmente gobernaba el país desde hacía tres años (asumió en el 2007), en términos reales, hasta la muerte de Néstor, el grueso de la población seguía viendo al ex Presidente como el verdadero mandamás y a Cristina, en cambio, se la tenía como una suerte de personaje secundario o actriz de repartos en el escenario del poder. Para el gran público, a partir de ahora, una novedad de sexo femenino se sentaría en el Sillón de Rivadavia, es decir que el plazo de "la gracia del Estado" comenzaba a contabilizarse a partir de la hora en que Néstor murió.

A lo señalado hay que sumarle una gran mejora internacional en cuanto al precio de los *commodities*, los cuales habían sufrido un descenso entre el año 2009 y el 2010. Estos ingredientes favorecieron en mucho la imagen de Cristina ante la opinión pública. Tanto es así que la consultora Poliarquía, en octubre del 2010, antes de la muerte de Kirchner, llevó adelante un trabajo estadístico preguntando quién le gustaría que fuera presidente de los argentinos: Cristina sólo tenía el 13 por ciento de aprobación y Néstor el 10 por ciento. Vale decir, ambos estaban liquidados y fuera del mercado político. Pero a partir de la desaparición física de Néstor, los números de Cristina empezaron a experimentar un alza progresiva y significativa. Según la consultora Poliarquía, la intención de voto empezó a crecer en estos términos: "38 por ciento de intención de voto para Presidenta en diciembre de 2010. 33 por ciento en enero de 2011. 36 por ciento en febrero. 44 por ciento en marzo. 41 por ciento en abril. 42 por ciento en mayo de 2011"[36]. Como se sabe, este *in crescendo* culminó en octubre de ese año, con la reelección de Cristina con un prepotente 54% de los sufragios válidamente emitidos.

La canonización pagana

Mientras los éxitos electorales jugaban a favor del oficialismo, su incesante aparato de propaganda saturó todo el año con sus medios de comunicación dedicados a evocar y glorificar la figura de Néstor Kirchner con inequívocas reminiscencias religiosas, haciendo pasar al personaje como un ser sobrenatural que guía e inspira la "revolución nacional y popular" desde el "más allá". Vale decir, Cristina ha montado una escenificación similar a la que en Venezuela puso en marcha el Presidente de facto Nicolás Maduro con su pajarito, al cual le adjudica ser la "reencarnación" del extinto Hugo Chávez.

En los discursos, Cristina incorporó un lenguaje intergaláctico nombrando a su marido no por su nombre de pila sino con el pronombre "Él", pretendiendo elevarlo a una especie de divinidad. De los primeros cuarenta y siete discursos esbozados con posterioridad a la muerte de Néstor, sólo en dos de ellos Cristina no lo mencionó con el pronombre "Él".[37]

El reality de Cristina

Un aspecto autorreferencial y de presunta psicoterapia filmada, es el hecho de que Cristina brinde discursos y monólogos casi a diario, hábito acentuado tras la muerte de su esposo. En consonancia con el chavismo y otras expre-

---

36. Ver cifras en Majul, Luis. Ob. Cit., 369-370.
37. Para ampliar, ver Majul, Luis. Él y Ella. Cit., pp.377-385.

siones demagógicas de la región que abusaron de la cadena nacional y del atril, la Presidenta constantemente hace sentar a su comparsa de aplaudidores para llevar adelante un sinfín de alocuciones en las que no se ha privado de pronunciarse de nada, a veces refiriéndose a cuestiones relativamente importantes y en la mayor parte de sus intervenciones, comentando banalidades irrelevantes. Nadie retruca, nadie pregunta, nadie cuestiona, ni tampoco nadie interrumpe, excepto la muchedumbre que interviene en cada arenga con aplausos automáticos y ovaciones de artificio, siempre prestas a festejar irreflexivamente a esta suerte de Madre Superiora que los guía, los adoctrina y también los pone en penitencia. Todo en un contexto de adulación simultánea y obsecuencia militante.

La Decadencia (2003-2013)

Tras diez años de gobierno continuo, los voceros del kirchnerismo suelen ufanarse alegando que en este lapso el país creció y mejoró, sin aclarar que el precio de los commodities se sextuplicó en esta década, de modo que resultaría matemáticamente imposible no haber mejorado siquiera un poco, máxime si tomamos como base y parámetro la crisis padecida en el año 2001.

Asimismo, esta excelente situación macroeconómica involucra a toda América Latina, motivo por el cual para analizar el verdadero alcance de la "década ganada", tendríamos que parangonar nuestra evolución con la de los países vecinos, como para poder tener un parámetro que nos permita saber si crecimos gracias al kirchnerismo o a pesar del kirchnerimo.

¿Qué conclusiones podemos sacar en el marco del gobierno más largo de la historia argentina, que gozó del mejor contexto económico y que además tuvo virtualmente el poder hegemónico? Vayamos a cuentas.

Empecemos por las exportaciones totales entre el año 2003 al 2012 y notemos en donde estamos parados. Por ejemplo, en estos 10 años, hemos crecido las exportaciones en un 172%. ¿Suena auspicioso verdad? Pues comparado con el guarismo que ostentan nuestros vecinos es un desastre: ocupamos el lugar número 10 en América Latina sobre 11 países escrutados. En efecto, nuestro crecimiento exportador está en décimo lugar[38] muy por debajo de Bolivia (que aumentó un 570%), de Perú (que aumentó un 407%), de Ecuador (aumentó un 385); Colombia (un 367) y así sucesivamente. Otra medición que se cierne entre nosotros con suma preocupación es la concerniente al Riesgo País, índice del que no escuchábamos hablar desde los tiempos del crack del año 2001. Resulta que la Argentina exhibe (a julio del 2013) el escandaloso guarismo de 1200 puntos básicos (superando a la destartalada republiqueta de Venezuela) y se convierte en el coeficiente más alto de América Latina[39]. Ante estos datos, uno de los argumentos en los que abrevó el régimen consistió en mentir alegando que *"el mundo no se nos cayó encima"*, cuando en verdad nosotros nos caímos del mundo y ningún inversor ni empresario nos otorga el menor gesto de credibilidad. En efecto, se sabe que en los últimos años la gran vedette para los inversionistas ha sido y sigue siendo Latinoamérica. Pues miremos este informe reciente de

---

38. La Argentina ya no está en el podio de principales exportadores de la región. DNI. 02/11/2012 http://www.consultoradni.com/la-argentina-ya-no-esta-en-el-podio-de-principales-exportadores-de-la-region/
39. Riesgo país: Argentina vuelve a liderar el ranking de la región. 11/07/2012 http://www.iprofesional.com/notas/140307-Riesgo-pas-Argentina-vuelve-a-liderar-el-ranking-de-la-regin

la CEPAL (Comisión Económica para América Latina), entidad que depende de las Naciones Unidas: "en el año 2012, la región recibió 173.361 millones de dólares en concepto de inversión extranjera directa. Si el flujo de inversiones récord en Latinoamérica durante 2012 se consideró una ola de dólares, lo de América del Sur en particular fue un verdadero tsunami, ya que recibió de ese monto el 83% de la IED total, es decir que $143831 millones tuvieron destino sudamericano. De ese total, Brasil superó 10 veces la inversión de la Argentina, la cual estuvo muy por debajo de México, Chile, Colombia y Perú"[40]. Esto quiere decir, sin hacer una comparación con el primer mundo y tomando como referencia países de América Latina, "la Argentina no califica ni destaca en ningún lado. Si bien en esta década tuvimos los mejores términos de intercambio en 200 años de historia, prácticamente nada ha funcionado bien. El gobierno, en vez de darle oxígeno a los ciudadanos, los atosigó con impuestos confiscatorios aplicando la mayor presión tributaria que se recuerde: el 40% del PBI es secuestrado por el Estado en impuestos (incluyendo el impuesto inflacionario)"[41]. ¿Qué se hizo con tamaña recaudación?, de las obras de infraestructura confeccionadas en este decenio por el kirchnerismo no se puede enumerar siquiera ni una sola obra relevante que hayan iniciado y terminado: construyeron apenas 100 km de autopistas y autovías por año (lo mismo que la provin-

---

40. Argentina, sexta en un ranking de inversión externa. Diario La gaceta, Tucumán, 04 de Mayo de 2012.
http://www.lagaceta.com.ar/nota/489214/argentina-sexta-ranking-inversion-externa.html
41. Década K: todo lo que no hicieron Néstor y Cristina. Marcelo L. Massía. Tribuna de Periodistas. http://periodicotribuna.com.ar/14420-decada-k-todo-lo-que-no-hicieron-nestor-y-cristina.html#.UaS-vNLG9Rx

cia de San Luis, que tiene un presupuesto cien veces menor). Edificaron dos pequeños gasoductos en la Patagonia para no más de 200 mil personas (y las obras terminaron en escándalos judiciales, como la de Skanska[42]). Construyeron apenas 350 mil viviendas en una década (menos que en los años noventa cuando los commoditties tenían un precio 6 veces menor). No se levantó ni una sola represa hidroeléctrica de importancia (apenas terminaron una ya muy avanzada en San Juan)[43]. Colapsó el sistema ferroviario (los familiares de los muertos de la "tragedia de Once" y los muertos por la masacre ferroviaria de Castelar pueden dar fe de ello[44]) y la infraestructura edilicia es tan vetusta que se inundó hasta el barrio donde vive la madre de la Presidente (los familiares de muertos de la inundación en La Plata también nos pueden ilustrar con su triste testimonio). Asimismo, en otros rubros esenciales, las estatizaciones desinflaron la producción del petróleo y el gas[45]. Promediando el año 2013, la mitad de

---

42. Constituye de uno de los mayores escándalos de corrupción de la era Kirchner.

43. Década K: todo lo que no hicieron Néstor y Cristina. Marcelo L. Massía. Tribuna de Periodistas. http://periodicotribuna.com.ar/14420-decada-k-todo-lo-que-no-hicieron-nestor-y-cristina.html#.UaJWYdLG9Rw

44. En febrero del 2012 una formación vagones chocó contra el paragolpes de contención de la plataforma número 2 de la estación Once. Murieron 51 personas y más de 700 resultaron heridas. La tragedia fue de la consecuencia de la desinversión: se invirtió apenas el 10% de lo necesario para mantener el stock de los trenes.

45. La producción petrolera en la Argentina viene cayendo desde el pico de 1998. Acumuló una contracción del 32% desde un máximo de 490 millones de metros cúbicos en ese año a 33 millones en 2012. Y en el caso del gas natural, tras alcanzar el máximo histórico de 52 millones de metros cúbicos en 2004, el año 2012 cerró con menos de 44 millones, casi 17% por debajo del pico. Parte del déficit energético lo campeamos importando gas boliviano, gas licuado (GNL) o fueloil venezolano a precios internacionales. Ver Eduardo Levy Yeyati – Marcos Novaro - Vamos por todo – Editorial Sudamericana-2013- Página 280, 281.

los argentinos no tiene cloacas y un tercio no cuenta con gas natural, ni agua corriente.

Otro índice en que no dejamos de dar vergüenza es el de la inflación, en cuyo ránking mundial descollamos con maratoniano orgullo[46]: la misma oscila entre el 25 y el 30% anual y está entre las 4 más alta del mundo junto a Sudán, Sudán del Sur y Bielorrusia.

¿Cómo venimos en corrupción? Conforme el estudio efectuado por Transparencia Internacional (TI), en el año 2013 ya ocupamos el puesto 102[47] (compartiendo el lugar con Burkina Faso, Yibuti y Gabón) entre las 176 naciones evaluadas. En estas conclusiones finales no queremos dejar de indagar un poco en la Institucionalidad, dado que en el año 2007 el lema de campaña presidencial de Cristina Kirhner fue prometer "mejorar la calidad institucional", la misma calidad institucional que había devastado su marido entre el año 2003 y el 2007, pero que ella se comprometió a reconstruir. Desde entonces, no sólo no se reconstruyó nada sino que hemos retrocedido. Así lo confirma el ránking mundial de calidad institucional, el cual nos indica que desde el año 2011 ocupamos el indecoroso puesto número 122[48] y desde el año 2007 (en el cual asumió Cristina), la Argentina se ha convertido, junto a Nicaragua, en el país que más lugares perdió hasta hoy: descendió 29 puestos.

---

46.   http://www.aimdigital.com.ar/aim/2012/11/21/argentina-el-cuarto-pais-con-mayor-inflacion-mundial/

47. a Argentina logró otro aplazo en el ranking de corrupción. Por Lucrecia Bullrich para La Nación. 05 de diciembre de 2012. http://www.lanacion.com.ar/1533517-la-argentina-logro-otro-aplazo-en-el-ranking-de-corrupcion

48. Argentina cayó 29 puestos en el ranking de calidad institucional. Informe de la Fundación Libertad. http://www.on24.com.ar/nota.aspx?idNot=54291

Como fuera dicho, jamás la Argentina tuvo un escenario tan favorable como el que transitó el kirchnerismo. Hasta el año 2002 y con motivo del precio de los *commodities* que imperaban por entonces, por causa de la exportación agrícola ingresaban al país 5 mil millones de dólares anuales. Con el ingreso de China e India al mercado mundial y la consiguiente multiplicación del valor de nuestra materia prima, desde el año 2003 hasta la fecha han ingresado 26 mil millones de dólares por año (21 mil millones de dólares más que el promedio de la década anterior), equivalente a un total de 210 mil millones extras acumulados en estos 10 años de kirchnerismo. ¿Conclusión tras diez años de tamaña bonanza?: no hay dólares por ningún lado y el desdoblamiento cambiario sólo es equiparable al de Venezuela.

¿Es el kirchnerismo una dictadura?

Mucho se ha discutido este concepto en los últimos tiempos. Los cientos de miles de personas que salieron durante el año 2012 y 2013 por las calles de las principales ciudades de Argentina a protestar contra el gobierno con sus cacerolas, decían estar repudiando "la dictadura de los Kirchner". Ante esto, muchos periodistas "opositores" con la prudencia soporífera que los caracteriza, consideraron "exagerado" tildar al kirchnerismo como una dictadura porque "al kirchnerismo lo votó la gente", lo cual es un grave error, porque la noción de "dictadura" no se mide por el modo en como un gobernante llegó al poder, sino por el modo en cómo se ejerce ese poder. Prueba de ello es que dictadores emblemáticos del siglo XX como Hitler, Perón, Salvador Allende o Mussolini, gozaron de esa legitimidad de origen pero el aval sufragista no les quita la etiqueta señalada.

Luego, para poder contestar el interrogante planteado en el subcapítulo presente (¿es el kirchnerismo una dictadura?), tendríamos que parangonar a la Argentina con los países contemporáneos y a la vez tomar tres variables clave a saber: 1) independencia del Poder Judicial, 2) libertad de prensa, 3) libertad de acción, y ver luego cómo estamos parados.

1) Independencia del poder judicial. Pues en este asunto la Argentina kirchnerista se encuentra en el bochornoso puesto número 115[49] (detrás de Camerún, Bosnia y Nicaragua)[50] y si bien Cristina tilda con desdén al Poder Judicial calificándolo de "corporación ilegítima", cabe señalar que entre su marido y ella nombraron al 42% del total de los jueces federales y nacionales[51] que hoy ejercen sus cargos.

2) Libertad de prensa: ocupamos el puesto número 104[52] sobre 196 países estudiados. El régimen además de intentar amordazar a la prensa libre mediante la trampa de la "ley de medios" y de manejar actualmente el 80% de los medios de comunicación, durante los últimos tiempos se ocupó de perseguir selectivamente a periodistas

49. Ranking mundial de independencia judicial y libertad económica 2011. Por Wolvh Lórien. http://uruguayeconomico.blogspot.com.ar/2011/05/ranking-mundial-de-independencia.html

50. El gobierno desobedeció deliberadamente sentencias judiciales y reconocidos jueces "rebeldes" fueron destituidos (como el Dr. Alfredo Bisordi), cuando no intimidados con patrulleros policiales (como la jueza María José Sarmiento) o "escrachados" desde la "Televisión Pública" (como los Dres. Ricardo Guarinoni y Graciela Medina), por citar los casos más sonoros.

51. "Justicia ilegítima": el kirchnerismo designó al 42% de los jueces nacionales y federales. Por José María González. Tribuna de Periodistas

52. Otra mala nota para Argentina en un ránking sobre libertad de prensa. 03-05-11. Infobae http://www.infobae.com/2011/05/03/579213-otra-mala-nota-argentina-un-ranking-libertad-prensa

independientes[53]. Esta praxis fue muy bien aprendida del chavismo venezolano que supo aplicarla de manera muy exitosa forzando a periodistas al exilio, la autocensura y también la cárcel.

3) Libertad de acción. El índice mundial de libre iniciativa del año 2012 en el cual se analizan 177 países nos dice que la Argentina ocupa el alarmante puesto número 160[54] al respecto.

El Socialismo del siglo XXI, en este caso en su versión argentina, se encuadra dentro de lo que cierta vez definió el pensador y escritor Octavio Paz: "la dictadura perfecta es aquella que aparenta no serla".

Comentario final

El país padece transitoriamente a un gobierno manipulado por una enardecida camarilla que se recostó en una bonanza coyuntural, en el marco de un populismo encarnado en izquierdistas millonarios. La paciencia se agota y el dinero también. Este régimen pasará sin pena ni gloria con *"pobres triunfos pasajeros"* como dice el tango, y a la postre caerá abatido preso de su descenso en la popularidad puesto que exceptuando al Presidente De la Rúa (quién padeció un golpe de estado sin participación de las FF.AA) por la partidocracia, todos los Presidentes desde 1.983 a esta parte han gozado durante los primeros años de gestión de im-

---

53. Se ha intentado encarcelar a Héctor Magnetto (Clarín), Ernestina Herrera de Noble (Clarín), Joaquín Morales Solá (La Nación), Juan Bautista Yofre (escritor independiente), Héctor Alderete (Seprin), Edgard Mainhard (Urgente 24), Carlos Pagni (La Nación) y Vicente Massot (La Nueva Provincia) entre otros.

54. La Argentina cayó dos puestos en el ranking de libertad económica. Por Jorgelina do Rosario . Infobae, 10-01-13 http://www.infobae.com/notas/690618-La-Argentina-cayo-dos-puestos-en-el-ranking-de-libertad-economica.html

portante cuota de adhesión popular, la cual en el caso del Kirchnerismo se sotuvo mas de la cuenta con motivo de la trampa de reelección matrimonial a la cual hay que sumarle el dato coyuntural del crecimiento de los precios internacionales. Pero el despilfarro y la ineptitud ha sido tan grandilocuente, que no son pocos quienes sostienen con acierto que hemos transitado una década desaprovechada y el kirchnerismo no tardará en perder terreno (de hecho ya lo está perdiendo), puesto que como bien lo decía Otto Von Bismark *"Todo hombre es tan grande como la ola que ruge debajo de él"*, y debajo del matrimonio nunca hubo una *"ola"* compuesta por lealtades impolutas sino por una runfla de alcahuetes, mercenarios y asalariados circunstanciales de diversas jerarquías que, en la primera de cambio lo traicionarán sin la menor sutileza. Bastante de esto último ya está sucediendo y para las venideras elecciones de octubre del 2013 se estima un panorama sumamente desalentador para el kirchnerismo, signado por la impopularidad, los escándalos de corrupción, la inflación, el aislamiento internacional y un desacreditado relato socialista y chavista cada vez más repudiado por la opinión pública.

El nuevo disfraz del comunismo

Alexis Ortiz

*Escritor, periodista y político. Ganó el premio Cervantes de
Periodismo y la Medalla del Congreso Norteamericano; tiene 14
libros y miles de artículos escritos.*

No sé si por proteico o por carnestolendo, pero está visto
que el comunismo ama los disfraces. En tiempos de la des-
colonización en África y Asia, intentó manipular los movimientos de liberación. Siempre buscó aliarse con los brotes
fundamentalistas musulmanes y no dejó de converger con
los terroristas alemanes, japoneses y la ETA hispano-fran-
cesa. Y aunque suene insólito, hasta con Hitler y el general Videla de Argentina, los rojos encontraron maneras de
acordarse.

Y ahora se nos presenta el anacronismo marxista con
otra máscara: *el Socialismo del siglo XXI.* O sea, el viejo comunismo fracasado de los siglos XIX y XX, con un conveniente antifaz para sorprender a los incautos.

La guerrilla sin destino

En el año de gracia de 1967, en un recodo llamado La Hi-
guera, los militares bolivianos capturaron y ejecutaron al
terrorista argentino-cubano Ernesto Che Guevara. Con
los fracasos de este enamorado de la violencia en África y
Suramérica, se evidenció sin dejo de dudas que la táctica
guerrillera, promovida, armada y financiada por la Cuba
de Fidel Castro, a su vez sin demasiada emoción sostenida
por la Unión Soviética, no era viable y por lógica había
navegado de derrota en derrota.

De la singular experiencia cubana, el Che Guevara y un filósofo trashumante francés de apellido Debray, desarrollaron una teoría y una estrategia para la toma del poder, *el foco,* que se reveló tan trasnochada como inútil. Así ocurre con todas las improvisaciones fantasiosas, teóricas y prácticas.

Fidel tuvo entonces que renunciar por un tiempo al sueño de imponer el comunismo por la vía de la violencia en los espacios tricontinentales (África, Asia y Latinoamérica) y concentrarse en ocultar el desastre de su dictadura marxista-leninista en Cuba. Sobre todo después de la aparatosa caída del comunismo en 1989, Fidel, sin la millonaria ayuda soviética, se dedicó a una expectante sobrevivencia. Rómulo Betancourt y otros líderes hemisféricos lo habían derrotado política y militarmente.

Otro conejo del sombrero de mago

Pasaron las décadas y el comunismo cubano, sustentado en la represión, el espionaje chantajista, una propaganda astuta y la estólida solidaridad de los antinorteamericanos de todas las pelambres, logró sobrevivir a su cadena de fracasos económicos y de toda índole, hasta estos tiempos en que le regresaron los vientos favorables.

Como la historia es más azarosa y hasta caótica que intencionada y previsible, las democracias de Hispanoamérica se fueron fatigando en el clientelismo, la demagogia, la incompetencia y en general la prevaricación de sus vanguardias dirigentes (políticas, empresariales, sindicales, editoriales, periodísticas, militares, gremiales, académicas, vecinales, culturales, etc.).

Desde luego, este panorama de agotamiento de una democracia que no pudo avanzar decisivamente en el control de la inseguridad, la corrupción y la superación de la pobreza, fue aprovechado con mucha habilidad por los corsarios de lo que tiempo después se autodenominó Socialismo del siglo XXI.

Un sapo con cara de gato

Y llegaron los nuevos disfraces. Golpistas delirantes y sin éxito, como el venezolano Hugo Chávez, se ofrecieron como opción contra los retrasos democráticos con un discurso virulento y revanchista, al gusto de los resentidos de las distintas clases y tendencias y, lo más deplorable, potenciado por el respaldo abierto o solapado de unos medios de comunicación devotos del escándalo e, incluso, de líderes de la sociedad patéticamente ingenuos en sus astucias.

Así apareció ese engendro híbrido, mitad sapo y mitad gato, que ahora conocemos como Socialismo del siglo XXI. Se trata de una estrategia satánica inédita: llegar al gobierno por elecciones, para acabar con la democracia desde las propias instituciones democráticas.

El modelo ha sido aplicado en Venezuela, Ecuador, Bolivia y Nicaragua. De él se colgó Cuba para salvarse de la ruina económica y política y, claro está, cumplir su vieja ilusión de dominio continental. Del mismo han logrado zafarse hasta ahora Honduras y Paraguay —y hasta el momento han escapado de esa trampa Perú y El Salvador.

Descripción de la franquicia

El formato portátil de Socialismo del siglo XXI se aplica de diversos modos en los países sometidos a esa obsolescencia con maquillaje postmoderno, pero podemos en general intentar descubrir sus características: El modelo funciona teledirigido desde La Habana y financiado hasta ahora principalmente por los dólares petroleros de Caracas.

El caudillo carismático, con un discurso de venganza social, la complicidad por acción u omisión de líderes reconocidos (resentidos y/o calculadores), la simpatía de periodistas y medios de comunicación, la esperanza de los preteridos por el clientelismo político y otras ventajas concedidas por la democracia petrificada, en lugar de escoger el viejo camino de la violencia, se lanza como candidato presidencial y gana las elecciones.

Se le reconoce el triunfo porque la democracia, por más debilitada que esté, suele jugar limpio, respetar la legalidad y la voluntad del pueblo soberano.

El caudillo, en plan de nuevo presidente, gambetea la Constitución Nacional y convoca a una Asamblea Constituyente, con la consigna de que hay que refundar la institucionalidad. La ilusión popular con el triunfo del caudillo, facilita la maniobra.

La Asamblea Constituyente aprueba, algunas veces entre gallos y medianoche como en Bolivia, una nueva Constitución cuya gran novedad es que garantiza el acaparamiento del poder y la reelección indefinida del caudillo —o por lo menos un continuismo dilatado, como parece ser el caso de Ecuador.

Armado del poder absoluto, el caudillo comienza a desmontar las instituciones para acoplarlas a sus ambiciones, violenta la división de los poderes, reprime la disidencia y empuja un programa de desbaratamiento de la producción privada y la libre competencia.

Para eternizarse en el poder por la vía electoral, el caudillo y sus mesnadas usan todos los recursos del estado para ganar comicios (compra de votos y soborno social), además de criminalizar la disidencia (uso abusivo del Poder Judicial contra los opositores), domestican a las Fuerzas Armadas y restringen la libertad de expresión.

En algunos casos, como Venezuela, el caudillo se declara abiertamente comunista a la cubana, despilfarra los dineros públicos en la compra de simpatías internacionales y al tiempo que mutila la propiedad privada, tolera una nueva burguesía corrupta y dócil al régimen (boliburguesía). En la fórmula ecuatoriana, el gobierno aunque amigo de Cuba, parece ser más recatado en eso de declararse sin ambages comunista.

La estatización de la economía y destrucción o control férreo de la producción privada, es clave en el modelo neocomunista o de *Socialismo del siglo XXI*. El objetivo es que todos los ciudadanos se conviertan en limosneros del Estado, que dependan del caudillo y su gobierno para poder sobrevivir, lo que asegura la obediencia de las masas.

Otra pista para entender a los *socialistas del siglo XXI*, es que necesitan un culpable para justificar sus propios dislates y fracasos. Al principio ese chivo expiatorio es el "gobierno anterior", con el paso del tiempo, como los viejos comunistas, acusan al "imperialismo norteamericano" de todos los males que sus gobiernos provocan.

Y por fin, otra clave de los *socialistas del siglo XXI*, es la alianza con los regímenes y grupos terroristas más impresentables del planeta, además de Cuba de los Castro, el Irán de los ayatolás, la Siria del genocida Assad y la Libia del defenestrado Khadafi, Corea del Norte, Bielorrusia, Zimbabwe, Hezbolá, Al Qaeda, ETA, FARC... y, ¿por qué no decirlo?, la bochornosa protección de dirigentes pretendidamente democráticos como Lula Da Silva y la Kirchner.

Podríamos agotar muchas cuartillas con esta descripción, pero lo importante es destacar que el viejo comunismo fracasado del siglo XX y el *Socialismo del siglo XXI*, son las dos caras de una misma moneda inútil y jurásica.

Apenas podríamos encontrar leves diferencias, por ejemplo, a los antiguos comunistas, fervorosos creyentes en el estatismo y la industrialización, jamás se les hubiera ocurrido la necedad chavista de sustituir la libre competencia capitalista por una economía primitiva de *trueque*.

Además, aquellos impostaban que el poder no estaba en manos de un hombre sino del partido. Incluso afirmaban que este estaba por encima de las Fuerzas Armadas (la frase de Mao y Chou: *el partido manda al fusil*). Por eso los caudillos se cuidaban de ser a la vez presidentes del país y secretarios generales de los partidos comunistas. Ahora el partido es un desteñido instrumento prescindible para el amo del poder, salvo en breves períodos electorales.

Vendrán tiempos mejores

Afortunadamente la derrota electoral de los ayatolás en Irán, el derrocamiento de Khadafi, el cerco popular a Assad, el languidecimiento de la tiranía castrista, la acelerada pérdida de credibilidad internacional de gobernantes antes tenidos por apóstoles de los pobres, como Rafael Correa, Evo Morales, Daniel Ortega, Lula Da Silva y Cristina Kirchner, junto a la recuperación de la democracia en Honduras y Paraguay, dan pábulo para un prudente optimismo.

Sobre todo los neo comunistas o *socialistas del siglo XXI* sufrieron un rudo golpe con la muerte de Hugo Chávez y el triunfo de Henrique Capriles Radonski en los comicios presidenciales venezolanos de abril pasado. Ahora los sucesores de Chávez y monosabios de Raúl Castro, Nicolás Maduro y Diosdado Cabello, tienen que lidiar con una herencia envenenada que les dejó su caudillo: un país en ruina económica, agobiado por la inseguridad, la corrupción y el desabastecimiento, amén de la división del chavismo y la certeza que ellos tienen de que perdieron las elecciones y detentan un gobierno usurpador.

La explicación del ruidoso fracaso del neo comunismo o *Socialismo del siglo XXI*, no es necesario buscarla en los tratados de historia, filosofía o economía, no, está contenida en una olvidada por ellos sencilla frase de Albert Einstein: "Locura es hacer siempre lo mismo y pretender obtener resultados diferentes".

El Socialismo del siglo XXI en la vida nacional

Luis Herrería

Fue presidente de la Corte de Justicia de Guayaquil, obtuvo el premio Universidad de Guayaquil por su tesis doctoral "Los Derechos Humanos como necesidad para una legislación democrática". Condecoración Orden Nacional al Mérito en el grado de Gran Cruz.

Este artículo fue escrito un año y medio antes de su fallecimiento

Para analizar este tema, es necesario hacer referencia a diversos acontecimientos históricos que nos ayudarían a desentrañar ciertas tesis y algunos términos que han sido esenciales para el desarrollo de los pueblos. Y me refiero al desarrollo concebido desde la democracia y la libertad, entrelazados indefectiblemente a los Derechos Humanos, que han dado no solo garantías de dignidad a los ciudadanos, sino que también han servido para hacer más eficientes y efectivos los niveles de progreso económico.

Aristóteles (384 A.c.-322 A.c), filósofo de la Antigua Grecia, de quien el español Carlos García Gual, catedrático de Filología Griega en la Universidad Complutense de Madrid, así como de la Universidad de Granada y de la Universidad de Barcelona, explica que para el Estagirita el ser cívico del hombre se hace político en cuanto participa del gobierno de los asuntos de la colectividad. Por lo que importa considerar el sentido de lo "Político", para los griegos del siglo IV A.C., porque fueron "los inventores de la política", no como una profesión o una bandería, sino como un quehacer del ciudadano libre, como la actividad esencial de todo ciudadano libre. Siendo así, los ciudadanos no están al servicio del Estado, ellos mismos son el Estado: la Polis a la que aludían los griegos de aquella época.

De entre las varias obras escritas por Aristóteles, "Política" es un conjunto de 8 libros, que en el sexto ya nos habla, hace 2300 años, sobre la teoría de los 3 poderes en cada especie de gobierno: El poder Legislativo, que hace las leyes y toma cuentas a los Magistrados; el poder Ejecutivo, en que menciona la duración del mandato del gobernante, interrogando sobre la posibilidad de que un mismo individuo pueda ser reelegido muchas veces, o podrá serlo solo una vez. Y el poder Judicial, que se debe sustentar en tres puntos: su personal, sus atribuciones y su modo de formación.

La marcha indetenible de la historia nos conduce por vericuetos que nos llevan a través del origen divino de los mandatarios, tesis ya superada pero no entendida por algunos, pasando por el criterio de Thomas Hobbes, (1588 – 1679), filósofo inglés que fue el teórico del absolutismo político, ya que reconocía que no era Dios quien entregaba el poder al mandatario, pero éste ostentaba la soberanía de su pueblo. Fue así que escribió "Leviatán", aquella bestia marina asociada a Satanás y descrita en el Antiguo Testamento, Génesis 1: 21, ante el cual estaban subordinados los hombres y, a cambio, recibían paz y tranquilidad. Actualmente, en la segunda década del siglo XXI, algunos mandatarios aún cuando ignoran quien fue Hobbes y cual fue su pensamiento, actúan igual que Leviatán, pero ni siquiera entregan paz y tranquilidad, sino confusión y odio.

La tesis absolutista del inglés fue aniquilada por Charles-Louis de Secondat, señor de la Bréde y Barón de Montesquieu (1689-1755), una de las principales figuras de la historia del pensamiento político y uno de los más celebres autores de la Ilustración, como se conoció a lo que fue una época histórica y un movimiento cultural e intelectual europeo que se desarrolló desde el siglo XVII hasta el inicio de la Revolución Francesa de 1789. Su obra fundamental "El espíritu de la leyes" fue publicada en 1748. El libro XI de este monumento jurídico, político y social menciona que "No hay otra palabra que haya recibido más significados diferentes y que haya impresionado de tan diferentes maneras los espíritus como libertad. Unos la han entendido como la facultad de deponer a aquel al que habían otorgado un poder tiránico; otros, por la de elegir a quien deben obedecer; otros por el derecho de ir armados y ejercitar la violencia; otros, por el privilegio de no ser gobernados más que por alguno de su nación o por sus propias leyes... En fin, como en las democracias parece que el pueblo puede hacer casi todo lo que quiere, se ha atribuido la libertad a la República este tipo de gobierno, al confundir poder del pueblo con libertad del pueblo".

Enfatiza Montesquieu que "La libertad política no se encuentra más que en los gobiernos moderados. Pero no siempre está en los gobiernos moderados; solo cuando no hay abuso de poder, y es una experiencia eterna que todo hombre dotado de poder es proclive a abusar de él, extendiéndolo hasta donde encuentra límites. ¿Quién lo diría? Hasta la virtud necesita límites. Para que no se pueda abusar del poder hace falta que, por la disposición de las cosas, el poder refrene al poder. Una Constitución ha de ser tal que nadie sea obligado a hacer las cosas a las que la ley no le obliga y a dejar de hacer las que sí permite".

La libertad política para un ciudadano es esa tranquilidad de espíritu que deriva de la opinión que cada uno tiene de su seguridad; y para que dicha libertad exista es necesario que el gobierno sea de tal modo que un ciudadano no pueda temer a otro.

Es aleccionador el mensaje de Montesquieu sobre la división de poderes al señalar que "cuando en la misma persona o en el mismo cuerpo de Magistrados se halla reunidos el poder Ejecutivo y el poder Legislativo, no hay libertad, porque se puede recelar que el mismo gobernante o el mismo legislativo promulguen leyes tiránicas para aplicarlas tiránicamente. Tampoco hay libertad si el poder Judicial no se halla separado del poder Legislativo y del poder Ejecutivo. Si se encuentra unido al legislativo, sería arbitraria la potestad sobre la vida y la libertad de los ciudadanos, pues el juez sería legislador. Si se presenta unido al poder Ejecutivo, el juez podría tener la fuerza de un tirano".

Sobre la Constitución es menester que hagamos mención de lo señalado en la Enciclopedia de la Política del ex presidente ecuatoriano Rodrigo Borja, al expresar que "Constitución es el conjunto sistemático de normas jurídicas fundamentales que rigen la organización y funcionamiento de un Estado y que señalan los derechos y garantías de sus miembros", destacando que en su parte orgánica, la Constitución establece, entre otras cosas, la división de poderes, ya que en la parte denominada dogmática constan los principios referentes a las prerrogativas de las personas, en favor de quienes se acota una esfera de libertad ante la que el propio Estado es incompetente, y se establecen las normas limitativas del poder público".

Nosotros somos del criterio que existió un manejo colusorio en la redacción y aprobación de la Constitución de Montecristi del 2008, al permitirse la adulteración de los textos de la norma suprema de 444 artículos, 29 Disposiciones Transitorias, 1 Disposición Derogatoria y 30 artículos de un inopinado Régimen de Transición. Entonces, al haberse realizado tal manejo en perjuicio de la democracia ecuatoriana, actualmente rige una Constitución apócrifa, esto es que se dio existencia aparentemente ideal a lo que realmente no lo tiene, porque se actuó con simulación, engaño o apariencia.

Surge la interrogante, ¿qué contiene una Constitución apócrifa? Esta aberración jurídica considera a los políticos como una casta, a la cual se le permite medrar por diferentes cargos, e incluso podría destacar en alguno y tener su momento de gloria, pero viviendo a expensa de la esperanza de los ciudadanos. Las potestades de esta casta política, en la aplicación de una Constitución apócrifa, son las más amplias y abiertas que imaginar nadie pueda, y no estarán sometidas a arbitrio ni control alguno, ni siquiera del Tribunal Constitucional, que para más seguridad quedó bajo designio absoluto de la casta política.

Las obligaciones de la casta política, entonces, se ciñen a dos: mantener el secreto respecto de la elaboración de esta Constitución apócrifa y simular batallas dialécticas para aparentar que se trabaja. La justicia, secuestrada por el poder único, velará por el sostenimiento y preservación de la casta política. Cada vez que se descubre el engaño de cualquiera de las partes de la Constitución apócrifa, actuará esa justicia venal contra el entrometido. También la carta política apócrifa manejará los resortes de la economía a su antojo, mediante instrumentos no santos.

Por tanto, los ciudadanos tienen reducidos sus derechos a dos expresiones: introducir manualmente un papel en una urna cada cierto tiempo y pagar los impuestos que la casta política decida, cuantas veces sean necesarios. Cualquier político que no sea de la casta y quisiere legislar en contra del orden establecido, se le aplicará con todo rigor las amenazas y agresiones por haber osado interrumpir el cuento del "Buen vivir". En definitiva, una Constitución apócrifa es una vulgar dictadura.

En el plano de nuestra Constitución, la relación entre el respeto de los Derechos Humanos y el ejercicio de la democracia es un fraude. Un régimen democrático necesariamente tiene que fundarse en determinados derechos y libertades que lo distingue, precisamente, de los regímenes totalitarios o de facto, ya que las dictaduras o los gobiernos autocráticos con ropaje constitucional, no respetan los Derechos Humanos.

Las frecuentes violaciones a los Derechos Humanos en el Ecuador constituyen la práctica y el uso diario que se ha implementado como forma de gobernar, ya que la dignidad y el valor de las personas se encuentran excluidos dentro del marco "constitucional" que nos obligan a respetar.

La indignidad humana se ha convertido en la norma permanente del convivir nacional y es el abuso y la arbitrariedad los instrumentos violentistas con los que nos encontramos acosados los ecuatorianos que anhelamos vivir dentro de un orden democrático.

Son cada vez más angustiosas las denuncias porque el Estado viola Derechos Humanos mediante la práctica de despidos arbitrarios de empleados públicos, persecución de los indígenas en sus tierras amazónicas, supresión de la prensa independiente y de oposición, etc. Teniendo que comentar, asimismo las violaciones a los Derechos Humanos por falta de vivienda de la gran mayoría de habitantes, la necesidad de trabajo que sienten los ecuatorianos que no les permite proveer a sus hijos de las más elementales necesidades, la falta a la honra de las personas, la imposibilidad de acceder a la educación y cultura, etc.

Es por ello que mantenemos la opinión de que tanto los derechos civiles y políticos, como los sociales, económicos y culturales deben ser respetados, reconocidos y puestos en vigencia, sin ninguna preferencia. Los derechos de tercera y cuarta generación solo existen para que la demagogia oficial vierta su inacabable verborrea en prosaicas ofertas.

El ideal Derechos Humanos se convierte en reconocimiento a esos derechos esenciales del hombre, ya que no se debe sacrificar la vida o la libertad so pretexto de pregonar que la comunidad viva supuestamente mejor, así como no debe sacrificar la justicia social so pretexto de darle al hombre plena libertad. Tanto lo uno como lo otro atentan contra el derecho humano general y universal.

El Estado no debe permanecer indiferente o solo vigilante, sino que es necesario que intervenga de manera activa en la dirección política y económica del Estado, sin que tal intervención ponga en peligro o limite los derechos individuales, como la libertad. Es decir, que el Estado está obligado a entregar a la sociedad un nivel económico de tal grado que pueda garantizar el desarrollo digno del ser humano, sin coartar sus derechos innatos.

Miguel Carbonell, investigador de tiempo completo en el Instituto de Investigaciones Jurídicas de la Universidad Nacional Autónoma de México (UNAM) y profesor de la Facultad de Derecho de la misma Universidad, es especialista en Derecho Constitucional y derechos fundamentales, ha visitado nuestro país en varias ocasiones, y ha tenido la oportunidad de nutrirnos de sus sabias enseñanzas. Autor de múltiples obras, en una de ellas "Desafíos a la libertad en el siglo XXI", nos dice que la historia de la humanidad ha sido una constante lucha por conquistar mayores espacios de libertad, es decir, por asegurar a las personas la posibilidad de actuar sin condicionamientos de ningún tipo. Por lamentable que parezca, indica el profesor mexicano, "hoy en día las clásicas libertades, las más básicas, siguen estando amenazadas; es el caso de la libertad de expresión, que hoy depende en buena medida, para ser efectiva, del acceso a los medios de comunicación. Muchos discursos políticos se adornan utilizando la palabra libertad, pero la niegan de inmediato, cuando los candidatos dan a conocer propuestas que van en dirección contraria a los más elementales postulados liberales".

Norberto Bobbio, jurista, filósofo y politólogo italiano (1909-2004), autor de "El futuro de la democracia", "Derecha e izquierda", "El tiempo de los derechos", entre otros, en su estupenda producción "Igualdad y libertad" menciona que "No hubo un reino de la libertad total al principio, como lo habían planteado los teóricos del estado de naturaleza (el hombre nacido libre de Rousseau), ni habrá un reino de la libertad total al final, como preconizaron y predicaron los utopistas sociales. No existe ni una libertad perdida para siempre ni una libertada ganada para siempre: la historia es un entramado dramático de libertad y opresión, de nuevas libertades a las que contestan nuevas opresiones, de viejas opresiones abatidas, de nuevas libertades reencontradas, de nuevas opresiones impuestas y de viejas libertades perdidas".

El tiempo que ustedes generosamente me han dispensado lo he tomado para exponer pasajes que con toda seguridad ustedes ya conocían; lo hice con el objeto de explicar en alguna forma ese galimatías que se dio en llamar Socialismo del siglo XXI y cuya aparición se sustentó con la intervención de un organismo perverso y un profesor desfasado. El organismo perverso se denomina Foro de Sao Paulo, inspirado por Fidel Castro y Lula da Silva en el año 1990, un año después de la caída del muro de Berlín y un año antes del desmembramiento de la U.R.S.S., lo cual ha sido descrito de forma valiente y manera categórica por el político venezolano Alejandro Peña Esclusa, de quien me permito reproducir la parte en donde indica que "Décadas de éxitos y fracasos le han permitido (al Foro) diseñar mecanismos para lograr sus fines totalitarios, mediante prácticas aparentemente democráticas, aprovechándose de las debilidades del propio sistema. Uno de los mecanismos consiste en reformar las Constituciones para amoldarlas a sus necesidades".

Es que mediante ardides —aparentemente democráticos, porque todo se hizo por la vía electoral —Hugo Chávez obtuvo el control absoluto del Ejecutivo, el Congreso o Asamblea Nacional, el Tribunal Supremo de Justicia, el Consejo Nacional Electoral, la Fiscalía y todas las instituciones republicanas; igual fórmula la han repetido aquellos émulos del difunto tirano de Barinas, con los resultados desastrosos que están experimentando los países en los que sus mandatarios han seguido tales huellas.

En cuanto al profesor trastornado, nos referimos al alemán, residente en México, Heinz Dieterich Steffan, utilizado y luego desechado por vulgares populistas a quienes intentó adoctrinar con una fórmula extravagante bautizada como Socialismo del siglo XXI, a la cual ya no se atreven ni siquiera recordar. Dicho teutón, convertido por sus escurridizos y temporales discípulos en ideólogo de un trasnochado criterio ha oficiado, generalmente, de coordinador de las obras de Noam Chomsky, mismo que a pesar de ser un crítico acerbo del capitalismo, no solo que vive burguesamente en los Estados Unidos de América, sino que es profesor del Instituto Tecnológico de Massachusetts. Sin duda alguna, este hijo de inmigrantes judeo-ucranianos sabe aprovechar las ventajas de gozar de un sistema democrático al cual se permite atacar sin riesgo alguno.

La trágica oscuridad democrática que invade al Ecuador se inició cuando el plan del Foro de Sao Paulo escaló el poder el 15 de Enero del 2007, por lo que desde hace más de seis años nuestro país ha padecido de falta de claridad en lo político, en lo económico, en lo moral. Lo advertimos en el año 2005, en una entrevista televisada, sobre la evidencia de un proyecto diabólico que aun cuando fermentado en Cuba, la logística financiera salía desde los petrodólares venezolanos manejados arbitrariamente por Hugo Chávez, relacionado directamente con las FARC y que con lo planificado en el Foro aludido se había mentalizado reemplazar el colapsado modelo soviético con un populismo del más vulgar tinte fascista, a efecto de seguir con una lucha encarnizada contra los valores democráticos del mundo occidental.

La pretensión inicial fue apoderarse de los gobiernos de los países de la subregión andina, logrando su objetivo en Bolivia mediante el dirigente cocalero Evo Morales; al poco tiempo cayó Ecuador, manipulando a estrambóticos aventureros; no siguió el mismo camino el Perú, por cuanto el candidato de esa mamarrachada que dieron en llamar Socialismo del siglo XXI fue Ollanta Humala, quien en ese primer intento presidencial no tuvo la claridad de comprender que el experimento "bolivariano" se iría a pique, siendo derrotado por la brillantez dialéctica de Alan García.

Más, la osadía del ermitaño Fidel Castro y del extinto mandón de Barinas llegó al extremo de intentar la expansión del oprobioso maniqueísmo a todos los rincones de Latinoamérica, con organismos ineficientes y desarticulados como ALBA y UNASUR, en asocio con regímenes terroristas como el de Irán.

Si bien es cierto que el capitalismo ha soportado crisis terribles durante los últimos años, no es menos cierto que los autócratas del Socialismo del siglo XXI no reflexionaron en que estas crisis en el sistema son cíclicas, pero una vez rectificados los errores se yergue más fuerte que antes, como está sucediendo actualmente. Esta falta de análisis y los vicios de toda laya que han practicado los émulos de Chávez han originado los efectos devastadores que no pueden disimular los falsos redentores, al igual que los delincuentes no pueden negar sus infracciones cuando son descubiertos en sus fechorías. Además, el avance de los países latinoamericanos en donde se practica la democracia está a ojos vista y demuestra a los pueblos sojuzgados que el crecimiento económico y el buen vivir no surge de las primeras piedras y de las falsas promesas, sino de prácticas concretas y sesudas, tal cual lo han demostrado aquellos mandatarios que no los invade la desmesura de eternizarse en el poder, sino que cumplen con sus funciones de estadistas y sus capacidades redundan en beneficio colectivo.

Las hipócritas y anárquicas políticas de los "socialistas del siglo XXI" han conseguido únicamente la vergüenza internacional, porque a nivel interno se han convertido en una constante todos los atracos y torpezas por lo que serán sancionados más temprano que tarde.

Influencia del Socialismo del siglo XXI en el contexto nacional: análisis del campo militar

Alberto Molina Flores

Coronel del Ejército ecuatoriano en servicio pasivo. Tiene un Diplomado del Instituto Internacional de Derecho Humanitario. Autor de varias obras de temas militares, miembro de la Sección de Historia de la Casa de la Cultura y de la Corporación Ciudadanos por la Justicia.

Antecedentes históricos inmediatos

Las Fuerzas Armadas Latinoamericanas post II Guerra Mundial se convirtieron en organizaciones complejas, con diversas especialidades, servicios y con armas y equipos cada vez más caros y sofisticados. Al Ecuador le tocó el turno de la "modernización" de sus Fuerzas Armadas en la década de los 70, con recursos provenientes de la nueva riqueza: el petróleo.

Paralelamente, las Fuerzas Armadas se convirtieron en árbitros de la política y ejercieron el poder en forma de dictaduras. En Argentina, por ejemplo, el general Juan Domingo Perón llamó a las Fuerzas Armadas su "partido político". En la década de los 60, las Fuerzas Armadas pasaron a ser el principal actor político bajo la doctrina de la Seguridad Nacional y dentro del enfrentamiento Este-Oeste. Posteriormente, en la década de los 70, soplaron vientos nacionalistas: en el Perú, los oficiales "Nasseristas", encabezados por el general Juan Velasco Alvarado, desplazaron del poder al presidente Fernando Belaúnde Terry, e iniciaron, con la nacionalización del petróleo, un proceso de cambio que incluyó la recuperación de los

recursos naturales y la pesca, una reforma agraria coope-
rativista, la participación de los obreros en la propiedad de
las empresas, la creación de un sector económico de propiedad social, la expropiación de la prensa —se preveía
entregarla a sectores sociales organizados— y una política
exterior independiente y no alineada; en el Ecuador se intentó lo mismo con la propuesta del plan del "Gobierno
Nacionalista y Revolucionario" del general Guillermo Rodríguez Lara: el país ingresó a la OPEP, el Estado adquirió
el 25% de las acciones de la empresa Texaco-Gulf e hizo
una vigorosa defensa de las 200 millas de mar territorial.

La vuelta a la democracia formal del Ecuador en 1979
no significó una subordinación automática del poder militar al civil, al contrario, los gobiernos civiles han evitado
tocar el tema militar, de esta forma han cooperado eficaz-
mente para mantener su autonomía; como consecuencia,
las Fuerzas Armadas se han enfrentado a la inexistencia
de políticas específicas por parte de los gobiernos. La única exigencia es que no participen en la política, aunque en
la práctica los mandos militares han sido permanentemente instrumentalizados; incluso han actuado como verda-
deros árbitros en las crisis políticas en las que fueron defe-
nestrados los presidentes Abdalá Bucaram, Jamil Mahuad
y Lucio Gutiérrez, lo que ha acrecentado una permanente
desconfianza entre gobierno, políticos y militares.

La firma de la paz con el Perú (1998) fue ocasión propicia para definir con claridad el rol de las Fuerzas Armadas
en el actual sistema democrático, considerando que los
militares son socios obligados de la democracia. Si bien
es cierto que vivimos en la etapa democrática más larga
de la historia republicana, no es menos cierto que el Ecuador se ha visto convulsionado políticamente en varias

ocasiones. Una de ellas, y quizás la más grave, fue durante el gobierno del presidente Jamil Mahuad, quien propició la más espantosa crisis social, moral y económica, lo que permitió que se fragüen todo tipo de conspiraciones, una de ellas liderada por el coronel Lucio Gutiérrez. En esta, las Fuerzas Armadas sufrieron un serio resquebrajamiento en sus filas.

Gutiérrez fue encarcelado y luego amnistiado; libre, organizó un partido y se lanzó a la palestra política aliado con las organizaciones indígenas y los partidos de izquierda que ven en él al esperado "mesías militar", al "militar progresista", que, de acuerdo a sus propuestas, iba a salvar al Ecuador. Ya en el poder, Gutiérrez lo que primero hizo fue descabezar a los mandos militares, porque supuestamente quería gobernar con "mandos de su confianza"; a pocos meses, rompió con sus aliados políticos y utilizó a los militares en servicio activo para responsabilidades político-administrativas, creando recelos y envidias que resquebrajaron la disciplina y generaron peligrosas divisiones.

El desafío a medias al *establishment*, la indefinición de su lucha en contra de la oligarquía, los ofrecimientos no cumplidos, el aumento de la corrupción, la falta de consistencia en su palabra que deja de ser creíble, etc., dieron lugar a protestas sociales incontenibles que desembocaron en la llamada "Rebelión de los forajidos". Frente a esta situación de crisis, una vez más los militares oficiaron de árbitros y el Alto Mando sentenció: "las Fuerzas Armadas han tomado la dura decisión de retirar el respaldo al presidente de la República", y Gutiérrez cayó.

Una vez defenestrado Lucio Gutiérrez, le sucedió su vicepresidente Alfredo Palacios, este termina el mandato para el cual fueron elegidos; superada esta etapa y frente a estas circunstancias, bien vale hacer algunas reflexiones: los actores políticos y sociales serios y responsables tienen el deber ineludible de luchar por evitar las recurrentes crisis por las que atraviesa el país y las consecuencias negativas que estas entrañan. Deben obligarle al gobierno de turno a cumplir su deber cívico de gobernar con honestidad, responsabilidad y patriotismo y exigirle que no utilice políticamente a las Fuerzas Armadas porque con seguridad les van a llevar a riesgos y peligros habituales en quienes hacen mala práctica de la política.

Gobierno del presidente Rafael Correa (15 de enero de 2007...)

Rafael Correa asumió la Presidencia y nombró su gabinete; por primera vez en la historia republicana de nuestro país, una mujer fue designada ministra de Defensa Nacional, Guadalupe Larriva, uno de los cuadros más importantes del Partido Socialista. Sin duda, está entre las potestades constitucionales del presidente escoger a un militar en servicio pasivo o a un civil, hombre o mujer, como ministro; fue una lástima que el paso de esta mujer talentosa haya sido efímero; murió trágicamente en un accidente aviatorio. Luego, el presidente escogió a otra mujer, Lorena Escudero, su corto paso por ese Ministerio fue irrelevante. Su reemplazo, el médico Wellington Sandoval, no resultó mejor, comparándolo con su antecesora. Después de todos estos cambios, en un acto sorpresivo y de verdadero desafío a las Fuerzas Armadas, el presidente Correa nombró a Javier Ponce, un poeta; según públicas declaraciones del exministro de Defensa general José Gallardo, Ponce ha sido un inveterado enemigo de las Fuerzas Armadas. El sucesor de Ponce, como ministro de Defensa, fue Miguel Carvajal y luego de éste, nuevamente una poeta, Fernanda Espinosa. Una de las características del régimen de Correa ha sido que sus principales colaboradores sean permanentemente "reciclados" en diferentes funciones y carteras de Estado.

Vale la pena señalar que por el Ministerio de Defensa han pasado 94 ministros desde 1935, año en que fue creado; de estos, 65 han sido militares (en servicio activo y pasivo) y 29 civiles (entre ellos, 3 mujeres), un cálculo estimado de 10 meses de gestión por cada ministro; históricamente la tónica de la administración de esta cartera de Estado ha sido la inestabilidad; este régimen no ha sido la excepción, se han nombrado 6 ministros en 6 años de gobierno.

Correa anunció que cumpliría con su oferta de campaña de no renovar el convenio entre Ecuador y EE.UU. El convenio permitía que aviones estadounidenses realizaran operaciones de control del narcotráfico desde la Base Aérea Militar de la ciudad de Manta, el convenio feneció el 2009.

A poco de cumplir un año en el gobierno, el obligado relevo del comandante de la Marina, vicealmirante Homero Arellano, tensó las relaciones entre el gobierno y la cúpula de la Fuerza Naval (se habló de una sublevación militar). Con la decisión de prescindir de Arellano y de dos vicealmirantes del alto mando, se resolvió una delicada situación que pudo haberse convertido en una crisis; sin embargo, al estilo del presidente, Arellano fue "reciclado" y ocupó el Ministerio de Seguridad (hasta marzo de 2014).

El ataque de fuerzas militares colombianas, el 1° de marzo de 2008, a un campamento de las fuerzas irregulares que se autodenominan Fuerzas Armadas Revolucionarias de Colombia (FARC), ubicado en nuestro territorio (en Angostura, a dos kilómetros de la frontera con Colombia), desató una verdadera tormenta con acusaciones veladas especialmente en contra del Ejército: de falta de profesionalismo, de previsión, de reacción inmediata. Se dijo incluso que la Central de Inteligencia Americana (CIA) había penetrado en los sistemas de inteligencia del Ejército y de la Policía y que además había hecho pagos económicos por entregar información. Ésta fue una ocasión propicia para que las Fuerzas Armadas y la Policía fueran denigradas.

El servicio de Inteligencia de las Fuerzas Armadas y de la Policía prácticamente fueron desmantelados, en los mandos no se señalaron responsables y, como siempre, "la cuerda se rompe en el lugar más débil", el chivo expiatorio de esta trama fue el jefe del Departamento de Inteligencia del Ejército, coronel Mario Pazmiño, que fue obligado a pedir la baja; aquí se dio pábulo a un lenguaje retórico ideologizado, rayando con una posición casi enfermiza antiestadounidense. La situación tomó tal magnitud que incluso se rompieron las relaciones diplomáticas con Colombia.

La Ley de Personal de Fuerzas Armadas, en su artículo 196, señala: "Es prohibido para los militares en servicio activo desempeñar cargos, empleos o funciones públicas ajenas a su actividad profesional militar", no obstante este impedimento legal, el presidente Correa decidió utilizar a los militares, concretamente al Cuerpo de Ingenieros del Ejército, para que se ocupara de la obra vial del país, y a la Marina, para que se hiciera cargo de Petroecuador, siendo el petróleo la fuente más importante de ingresos económicos para el Ecuador. La Marina, al haberse hecho cargo de esa responsabilidad, a la larga, no terminó bien librada; fueron dos años de gestión después de los cuales el gobierno decidió dar término a su presencia en el manejo petrolero, sin que se haya logrado cambio alguno.

Dentro del campo de las relaciones internacionales, el presidente Correa ha privilegiado las relaciones con países cuestionados como Irán, donde impera un régimen teocrático brutalmente represivo, que se ha declarado enemigo de los EE.UU. Su presidente, hasta agosto de 2013, Mahmud Ahmadineyad, no sólo que radicalizó su posición antinorteamericana y declaró que Israel debería ser "borrado del mapa", sino que, además, desafió al mundo con su carrera armamentista nuclear. Igualmente, ha sido obsecuente con regímenes tan condenados como el del derrocado y muerto Muammar Gaddafi, dictador de Libia, y con Bashar al-Assad, dictador de Siria.

Si se trata de señalar alguno de los momentos más cruciales que haya vivido el gobierno del presidente Correa, se podría decir que fue el 30 de septiembre de 2010, cuando un grupo de policías se amotinó y se tomó el Regimiento Quito, haciendo demandas salariales fuera del orden y la disciplina; la situación se "salió de madre". El presidente Correa quiso "resolver" personalmente el problema con su inesperada presencia en la "boca de lobo"; así, lejos de resolver el problema, lo único que consiguió fue caldear más los ánimos de los amotinados. El Presidente se expuso, fue vejado y humillado. Un estadista debe actuar, en estos casos difíciles, con absoluta ponderación, cabeza fría y serenidad, no debió jamás abandonar el Palacio de Carondelet, sede del gobierno, de inmediato debió convocar a su comité de crisis: el Consejo de Seguridad Pública; lamentablemente no se procedió de esa manera y los hechos se desbordaron, llegándose a situaciones casi insostenibles y la democracia quedó al borde del colapso.

El presidente Correa fue "rescatado" del Hospital de la Policía en donde buscó refugio y atención médica. El operativo militar fue cruento, hubo muertos y heridos de las filas militares y policiales. El presidente, una vez a salvo, acusó de haber sido secuestrado, que habían intentado asesinarlo y que se trataba de un golpe de Estado. Las secuelas de esta terrible experiencia fue la desarticulación de la Policía. El mandatario herido en su amor propio instauró juicios a elementos policiales —oficiales y tropa— y a más de un ciudadano civil que supuestamente estaban involucrados en la asonada policial; las heridas provocadas en ese aciago día no terminan de restañarse hasta el momento.

Es importante señalar que ese día (jueves 30 de septiembre de 2010) los miembros de la Secretaría Nacional de Inteligencia (SENAIN), incluido su director, se encontraban en un seminario internacional celebrado en Quito; dos extranjeros que asistieron al mismo evento informaron sobre los sucesos del 30 de septiembre. Andrés Gómez de la Torre Rotta, a la sazón Director de la Escuela de Inteligencia del Perú, a las 21h58 del mismo día, envió un mensaje a los miembros de la Red de Seguridad de América Latina (RESDAL), que textualmente dice: "Estoy en Quito, en un seminario de Inteligencia en Flacso-Ecuador. No se ve como un golpe de estado clásico, más bien como una huelga policial muy similar a la peruana de 1975. Desde luego habrá desmanes y desorden público: falla la gestión y manejo de crisis del gobierno. Prueba de fuego para la SENAIN (Secretaría de Inteligencia Nacional) que se estrena con su primer fiasco. Estamos aquí con Carlos

Maldonado, Fredy Rivera, Raúl Benítez Manaut, entre otros, Saludos, Andrés Gómez de la Torre Rotta".

El otro informe fue del mexicano Raúl Benítez Manaut, investigador de tiempo completo en el Centro de Investigaciones Interdisciplinarias en Ciencias Humanas de la Universidad Nacional Autónoma de México (UNAM). Igualmente, Benítez hace conocer a los miembros de RESDAL, los sucesos del 30 de septiembre de la siguiente manera:

"Estuve en Quito la semana pasada, y coincido con Inés y muchos colegas ecuatorianos con los que conversé ese jueves y el viernes siguiente. No hubo golpe, pero el manejo mediático así lo quiso hacer pasar. Un golpe de Estado es cuando explícitamente hay una conspiración para sacar a alguien. A Zelaya lo fueron a buscar a su dormitorio a la media noche y lo sacaron en pijama contra su voluntad. Eso es un golpe. A Chávez lo sacaron de su oficina y lo metieron preso, eso es un golpe. A Correa nadie lo fue a sacar de ningún lado. Él fue a buscar a los policías a su cuartel, los calentó con su discurso, se enojaron más, se perdió el control de la situación, le hicieron agresiones, fue al Hospital de la Policía por propia voluntad, y nunca perdió el control del Estado. Él fue, no lo buscaron.

Es la gran diferencia. Otro debate es si la fuerza pública tiene derecho a la protesta radical o no. Pero eso no se discute en este caso. Debemos ser académicamente serios y no dejarnos llevar por la marejada de la prensa y manipulaciones y declaraciones conspiracionistas que no se sustentan. Saludos a todo RESDAL. Raúl Benítez Manaut". Los mensajes de los dos académicos extranjeros son elocuentes.

Militares y Revolución Ciudadana del Socialismo del siglo XXI

Para todos los ecuatorianos, la propuesta del presidente Correa de llamar al pueblo a votar por una Asamblea Constituyente, a fin de elaborar una nueva Constitución, creó expectativas; los militares no podían ser la excepción. Las autoridades militares presentaron las propuestas de cambio que, según su criterio, debían ir en la nueva Constitución. Sin embargo, no fueron escuchadas y primó el criterio de la mayoría, manejada por gobierno, al interior de la Asamblea Constituyente.

En la nueva Constitución (2008) que nos rige, no se consideró el concepto de "Fuerza Pública" (Fuerzas Armadas y Policía), estableciéndose misiones específicas para cada una de estas. El Art.158 dice: "La protección interna y el mantenimiento del orden público son funciones privativas del Estado y responsabilidad de la Policía Nacional" y que "Las FF.AA. tienen como misión fundamental la defensa de la soberanía y la integridad territorial". Privativa, según la Real Academia de la Lengua (RAE), quiere decir "Propio y peculiar singularmente de alguien o algo, y no de otro". Los Art. 164 y 165 señalan que el Presidente, una vez que haya declarado el estado de excepción, podrá "Disponer el empleo de las Fuerzas Armadas, en el caso de agresión, conflicto armado internacional o interno, grave conmoción interna, calamidad pública o desastre natural…".

La Ley de Seguridad Pública y del Estado en su Art. 35 señala: "Declarado el estado de excepción y siempre que el Presidente de la República haya dispuesto el empleo de las FF.AA. y la Policía Nacional, deberán coordinar acciones para que las FF.AA. apoyen a la Policía Nacional, responsable del mantenimiento del orden público, hasta que se haya restablecido".

Luego del 30 de septiembre de 2010 (revuelta policial), los militares se han visto obligados a cumplir actividades policiales (control delincuencial y narcotráfico) que no les corresponden y por los cuales corren el riesgo de ser desprestigiados. Además, su preparación, entrenamiento, equipo y armamento están diseñados para cumplir misiones militares claramente señaladas en la Constitución; sin embargo, ahora están cumpliendo tareas que le corresponden a la Policía Nacional; opiniones de especialistas del país y del exterior han manifestado lo peligroso que resulta utilizar a los militares en misiones ajenas a su formación y han señalado las malas experiencias y magros resultados en otros países. Todos los esfuerzos deben ser direccionados a que la Policía se fortalezca y cumpla su misión fundamental.

El concepto de que "La Fuerza Pública se debe al Estado" que constaba en la anterior Constitución se suprimió en la nueva, quedando en el aire varias interrogantes: ¿con qué fines fue suprimido? ¿Acaso se deben al gobierno de turno y a su programa político? Considero que esta calculada omisión es sumamente peligrosa teniendo presente lo que ocurre en Venezuela, país con el que nuestro gobierno mantiene una afinidad ideológica, desde que estaba en el poder el fallecido presidente Hugo Chávez y ahora con el cuestionado mandatario Nicolás Maduro. La Constitución de Venezuela, en su Art. 328, dice: "La Fuerza Armada Nacional constituye una institución esencialmente profesional, sin militancia política, (...). En el cumplimiento de sus funciones, está al servicio exclusivo de la Nación y en ningún caso al de persona o parcialidad política alguna...".

El mandato constitucional es clarísimo pero la realidad es totalmente diferente, basta recordar las palabras del entonces Comandante Estratégico Operacional de las Fuerzas Armadas, General Henry Rangel (luego ministro de Defensa), en 2010: los militares no aceptarían una victoria de la oposición en las elecciones presidenciales de Venezuela en 2012, el ejército venezolano "no tiene lealtades a medias sino completas hacia un pueblo, un proyecto de vida y un Comandante en Jefe. Nos casamos con este proyecto de país... Un hipotético gobierno de la oposición a partir de 2012 sería vender el país, eso no lo va a aceptar la Fuerza Armada...".

Otra influencia del Socialismo del siglo XXI que puede resultar perniciosa para nuestro país, y obviamente para nuestras Fuerzas Armadas, es la adhesión a la organización llamada Alianza Bolivariana para las Américas, conocida como ALBA, creada en el 2004 por Cuba y Venezuela para contraponerse al Área de Libre Comercio de las Américas (ALCA), otrora iniciativa de gobiernos de la región y EE.UU. Está compuesta, además de Cuba y Venezuela, por Nicaragua, Bolivia, Ecuador y por 3 micro Estados anglófonos de las Antillas: Antigua y Barbados, Dominica y San Vicente y Las Granadinas, países que a decir de sus gobernantes van camino a radicalizar sus procesos políticos o mejor dicho sus "revoluciones", con una carga ideológica extrema. De la radicalización de marras no se libra ninguna institución del Estado, la militar es una de las damnificadas en este extraño proceso. La politización de los militares venezolanos es el ejemplo más palpable, el grito emblemático de "Patria,

Socialismo o muerte" lo dice todo; en Bolivia, la instrumentalización de los mandos en todos los niveles de la escala jerárquica por parte del Jefe de Estado es sentida permanentemente; en Nicaragua, donde el rehecho Ejército Sandinista se encuentra en una disyuntiva entre ser un ejército profesional o milicias al servicio directo del presidente Ortega.

La cabeza visible de la ALBA ha sido en vida Hugo Chávez y entre sus incansables viajes, estuvo en Siria. Con el dictador Bashar al-Assad firmó un acta de integración de esta nación árabe como "miembro aliado" de la ALBA; además, invitó a Vietnam como observador, país asiático extraño a nuestra cultura e idiosincrasia.

El 31 de mayo de 2011, en Bolivia, el presidente Evo Morales inauguró la Escuela Militar de la ALBA, y como invitado especial asistió el ministro de Defensa iraní, Ahmad Vahidi, acusado por la Fiscalía argentina de estar involucrado en el ataque terrorista contra la sede de la Asociación Mutual Israelita Argentina (AMIA), en 1994, en el que murieron 85 personas.

Se ha dicho que la Escuela Militar de la ALBA se regirá por una doctrina antiimperialista y socialista y que constituirá una nueva identidad regional; no hace falta mayor análisis para saber que la formación de los militares que asistan a los cursos en esta escuela tenga un sesgo ideológico de extrema izquierda y que será altamente politizado; ahí estarán para impartir su doctrina instructores cubanos, venezolanos, nicaragüenses, iraníes, etc.

Para concluir, vale la pena recordar lo que piensan los miembros del Foro de Sao Paulo (FSP): las Fuerzas Armadas Latinoamericanas —tal como están concebidas en la actualidad— deben ser destruidas o transformadas en milicias populares para que sirvan como brazo armado de la revolución, con el único objetivo de garantizar la permanencia en el poder de los gobiernos totalitarios de izquierda.

La influencia del Socialismo del siglo XXI en la economía venezolana

Emilio Sanmarti

Emprendedor y consultor. Director del Instituto de Análisis Social y Económico. Licenciado en Ingeniería y Máster en Adminsitración de Empresas

Introducción

En el presente ensayo se hará un breve análisis sobre la influencia del Socialismo del siglo XXI en la economía venezolana.

Se inicia con una reseña histórica que permita entender la evolución económica de Venezuela a través de los últimos 150 años. Luego se explica, de manera muy general, qué se entiende por "Socialismo del siglo XXI'. Esto servirá de plataforma para analizar la situación social, política y económica que auspició la llegada y establecimiento del Socialismo del siglo XXI en Venezuela en la forma de la llamada "Revolución Bolivariana'. Por último, se evalúan los resultados económicos de los últimos 15 años de revolución, y se ofrece una perspectiva del futuro que le depara a la economía venezolana.

De la Venezuela Rural a la Venezuela Petrolera

A finales del siglo XIX y principios del siglo XX, la economía venezolana se basaba principalmente en la producción agropecuaria. Aunque existía ya una incipiente industria petrolera, además de la extracción de metales y piedras preciosas la cual se venía haciendo desde tiempos coloniales, los principales productos de exportación eran el café, el cacao, la caña de azúcar, el tabaco, el caucho y el ganado vacuno.

A partir de 1891 comienza una apertura de la industria minera al capital extranjero tras una serie de leyes y reglamentos que le daban la potestad al presidente de la República de otorgar concesiones sin requerir la aprobación del Congreso o de los propietarios legales de los terrenos.[55] Aunque indudablemente este mecanismo se prestó a irregularidades en el proceso de concesiones, sin mencionar la violación a los derechos de propiedad, trajo consigo una expansión de la inversión en el sector minero, y muy particularmente en el petrolero. Es así como se descubren y comienzan a perforar los primeros pozos importantes de petróleo.[56] Para el año 1926, el "oro negro" y sus derivados

---

55. Véase el Código de Minas de 30 de junio de 1891, el cual establece en su Artículo 20° que, "en terrenos de propiedad particular se necesita para efectuar trabajos de investigación el permiso del dueño del suelo, adjudicándole a este si se descubre una mina, la cuarta parte sobre la veta o filón descubierto. Si el propietario negare el permiso o se encontrare ausente sin poseer representante en la jurisdicción, el interesado ocurrirá al Presidente del Estado o Gobernador en solicitud del permiso, el cual por ningún respecto podrá negarlo". A la vez, el Código de Minas de 16 de agosto de 1909, Artículo 39°, establece la apertura a capital nacional y extranjero: "Toda persona nacional o extranjera, hábil en derecho, puede hacer excavaciones o calicatas para descubrir minas en terrenos abiertos o incultos, bien sean baldíos, ejidos o de particulares". Más aun, en el Artículo 40° se establece que el permiso del Presidente del Estado o Gobernador ya no es necesario, y que en caso de negativa del propietario del terreno se aplicaría la Ley de Expropiación. Un análisis de los principales cambios en los diferentes códigos y leyes de minería se puede encontrar en, http://www.pdv.com/lexico/museo/minerales/legislacion.htm

56. El primer pozo de importancia fue 'Zumaque 1' en el campo petrolífero 'Mene Grande', ubicado en la costa oriental del Lago de Maracaibo, Edo. Zulia, el cual se comenzó a explotar en el año 1914 por la Caribbean Petroleum Company (la cual sería absorbida más tarde por la Royal Dutch Shell). Sin embargo, el primer pozo petrolero en territorio venezolano ya estaba operando desde el año 1875 en la hacienda La Alquitrana en el Estado Táchira (centro-este de Venezuela, fronterizo con Colombia), del cual se extraía suficiente crudo para producir "60 galones de gasolina, 150 de gasoil, 165 de kerosene y 220 de residuos" al mes. Ver Fernando Travieso (2012) La Historia Petrolera Venezolana. La Petrolia. Caracas: Instituto

se habían convertido en el principal producto de exportación del país.[57]

La Venezuela Rica

Esta transformación repentina trajo consigo importantes cambios económicos y sociales. En primer lugar, el violento crecimiento en la extracción de petróleo crea una suerte de "mal holandés', ya que la alta explotación de este recurso natural hace caer la producción agrícola, y pone un freno al desarrollo industrial y manufacturero – con excepción, claro está, de la industria petroquímica. Esta muy negativa consecuencia convierte a Venezuela en un país mono-productor y totalmente dependiente del petróleo, flagelo del cual, a la fecha, no se ha podido librar. En segundo lugar, la disminución en la importancia de los productos agropecuarios genera una migración del campo a las principales urbes del país y áreas de auge petrolero.

A comienzos de la Segunda Guerra Mundial, el Producto Interno Bruto (PIB) per cápita de Venezuela se encontraba en $4,305, más de cuatro veces mayor que el existente al inicio de la explotación petrolera 20 años antes; dos veces mayor al promedio latinoamericano para la época; y a tan sólo dos terceras partes del PIB per cápita de los Estados Unidos de América.[58] El venezolano promedio

Municipal de Publicaciones, pp.17, 23. Se puede encontrar en http://www.igvsb.gob.ve/documentos/soc_pet.pdf

57. Para más detalles históricos ver, Hernán López Añez, *Funcionamiento de la Economía Venezolana*, Instituto de Investigaciones Económicas y Sociales – Universidad de los Andes. Se puede encontrar en http://iies.faces.ula.ve/investiga/HLopezA/Funcionamiento/Cap_VI.ppt

58. Todos los valores de PIB per cápita se refieren a dólares Geary-Khamis (también llamados dólares internacionales) con base 1990. Información tomada de J. Bolt y J.L. van Zanden (2013) *The First Update of the Maddison Project; Re-Estimating Growth Before 1820*. Maddison Project Working Paper 4. Se

era, en esencia, un ciudadano con un alto poder adquisitivo y un buen nivel de vida.

La demanda petrolera post-guerra y hasta la década de los setenta elevaría el PIB per cápita a los máximos niveles en su historia, alcanzado un valor de $11,251 en 1977.[59] El máximo benefactor de estos ingresos era el Estado venezolano, el cual, desde 1976, había tomado control del ingreso petrolero mediante la *Ley que Reserva al Estado la Industria y el Comercio de los Hidrocarburos*, y la creación de la compañía estatal Petróleos de Venezuela, S.A. (PDVSA).[60]

Estos cambios sociales y económicos vinieron acompañados, como era de esperarse, de cambios a nivel político. Las diversas dictaduras y gobiernos militares que dominaron el panorama político de la primera mitad del siglo XX comenzaron a sentir la presión de agrupaciones que buscaban una mayor participación ciudadana en las decisiones que afectaban el futuro de la nación. Durante la última de estas juntas militares, presidida por el militar de derecha Marcos Pérez Jiménez, hubo un flagrante irrespeto por la libertad de expresión, razón principal que llevó al dictador a su salida del poder mediante un golpe cívico-militar en 1958. A partir de entonces comienza un proceso de apertura democrática en el cual se alternan en el poder los principales partidos de centro-izquierda y centro-derecha, estableciendo el comienzo de una democracia representativa mediante la cual el Estado absorbe

puede encontrar en http://www.ggdc.net/maddison/maddison-project/publications/wp4.pdf

59. Ibid.

60. Promulgada como la Ley Orgánica el 29 de agosto de 1975, con vigencia desde el 1° de enero de 1976. Para más información ver http://www.pdvsa.com/index.php?tpl=interface.sp/design/readmenuhist.tpl.html&newsid_obj_id=104&newsid_temas=13

mayor poder y mayores responsabilidades por el bienestar de la sociedad.

Malas Políticas en Momentos de Crisis

La crisis del Medio Oriente y el embargo petrolero en los años setenta generó un incremento enorme en los precios del petróleo, de US$ 9.94 por barril en 1970 a US$ 95.89 en 1980.[61] La nacionalización del petróleo en 1976 obedeció a una intención política de aprovechar los elevados precios del crudo para incrementar las arcas de la nación (y las personales de la cúpula gobernante) y así perpetuar un Estado de bienestar que le otorgaba a las élites políticas una continuidad en el poder mediante la compra de votos de un pueblo incauto.

Para la década de los ochenta, un excedente de producción de crudo, aunado a una recesión industrial mundial, hizo bajar el precio del petróleo por debajo de los US$ 30.[62] Esto acarrió una disminución significativa del presupuesto nacional y creó inestabilidad política y económica. En materia económica se estableció un control cambiario, control de precios, control a las importaciones, más endeudamiento interno y externo, y devaluaciones frecuentes del valor del bolívar frente al dólar. Todo esto creó altos niveles de inflación y un descontento generalizado que resultó en los saqueos del llamado "Caracazo' el 27 de Febrero de 1989.

El principio de la década de los 90 se caracterizó por un continuo retroceso del PIB per cápita, el cual llegó a

---

61. Ajustado a US$ de 2009. Fuente: http://chartsbin.com/view/oau
62. Ibid.

niveles no existentes desde mediados de los años 50.[63] El venezolano común, abatido y desesperanzado, anhelaba una alternativa real de cambio. Esta esperanza habría de retornar en la forma de un Robin Hood latinoamericano: el teniente coronel Hugo Rafael Chávez Frías.

Hugo Chávez era un miembro de la brigada de paracaidistas del Ejército Nacional de Venezuela, quien ascendió hasta una posición de mando media. Interesado en la política, cofunda el Movimiento Bolivariano Revolucionario 200 (MBR200), una agrupación revolucionaria de izquierda responsable del fallido golpe de Estado de 1992 contra el entonces presidente Carlos Andrés Pérez. Después de ser encarcelado por dos años por estos hechos violentos, fue indultado por el sucesor de Pérez, Dr. Rafael Caldera.[64] Chávez se convirtió así en figura política e ídolo de muchos, y creó el Movimiento V República (MVR), agrupación política mediante la cual ganaría las elecciones presidenciales de 1998 bajo una plataforma de cambio radical basada en su interpretación de los ideales del fundador de la patria, Simón Bolívar.

Temprano en su gobierno Chávez mantuvo su promesa de cambio, y comenzó su ardua labor por reformar la

---

63. Alrededor de los US$ 8,750, ajustado a dólares Geary-Khamis con base 1990. Información tomada de J. Bolt y J.L. van Zanden (2013) *The First Update of the Maddison Project; Re-Estimating Growth Before 1820*. Maddison Project Working Paper 4. Se puede encontrar en http://www.ggdc.net/maddison/maddison-project/publications/wp4.pdf

64. Rafael Caldera, político de alta trayectoria y miembro fundador del partido Socialcristiano COPEI, ganó sus segundas elecciones presidenciales mediante una maniobra política tras la cual rompió relaciones con su propio partido y creó uno nuevo (Convergencia) con el apoyo de facciones menos representadas en la política nacional, como era el caso del Partido Comunista de Venezuela (PCV) y el partido Movimiento al Socialismo (MAS). Esto ponía en manifiesto la fragilidad de un sistema político que sucumbía ante la realidad económico-social.

política, sociedad y economía venezolana de una democracia representativa con un "libre' mercado intervencionista, a lo que él bautizó como "Revolución Bolivariana' – la cual vendría a ser nada menos que el Socialismo del Siglo XXI.

El Socialismo del siglo XXI

Para verdaderamente entender el alcance del cambio propuesto por Chávez es necesario entender, aunque sea someramente, el fundamento ideológico de esta doctrina.

El Socialismo del siglo XXI es un concepto basado en la ideología socialista de Carlos Marx, introducido en la década de los 90 por Heinz Dieterich Steffan.[65] Se basa en cuatro premisas fundamentales: 1) la democracia directa; 2) el sujeto racional-ético-estético; 3) el estado no-clasista; y, 4) la economía planificada de equivalencias.[66]

No es el objeto del presente ensayo ahondar en la filosofía del Socialismo del Siglo XXI. Sin embargo, es importante destacar ciertos aspectos que han de explicar el fenómeno socio-político y económico que se ha experimentado en Venezuela y otras países latinoamericanos en los últimos 15 años.

En primer lugar, la filosofía del Socialismo del siglo XXI se basa en una democracia directa y participativa. Nos dice Dieterich Steffan que "[e]l concepto "democracia participativa' se refiere a la capacidad real de la mayoría ciudadana de decidir sobre los principales asuntos públicos de la nación (…) dicha capacidad no será coyun-

---

65. Heinz Dieterich Steffan, sociólogo alemán radicado en México, se convertiría en uno de los consejeros iniciales de Hugo Chávez, junto a otro conocido sociólogo peronista argentino, Norberto Ceresole.

66. Heinz Dieterich Steffan (2002) *El Socialismo del Siglo XXI*. México: Editorial ElectroComp, S.A. de C.V., pp. 39-50.

tural y exclusiva de la esfera política, sino permanente y extensiva a todas las esferas de la vida social, desde las fábricas y los cuarteles hasta las universidades y medios de comunicación". [67] En otras palabras, el poder lo ejerce el pueblo no a través de sus gobernantes, sino directamente. Esta definición presenta varias contradicciones. En primer lugar, se habla de dar poder al pueblo para "decidir sobre los principales asuntos públicos". Entonces, ¿quién decide los asuntos de menor importancia, los del día a día? Si también las decisiones menores pasan a manos del pueblo, entonces no habrá nadie que trabaje, pues todo mundo invertirá su tiempo en discusiones y toma de decisiones.

Por otro lado, y si leemos entre líneas, en términos teóricos lo que se pretende es deshacerse del concepto de individuo: no son los intereses individuales los que atañen al Estado y a la sociedad, sino las decisiones colectivas. Esto implica una transformación Orwelliana en la cual el individuo, como tal, deja de existir para dar paso al colectivo.

En términos prácticos (los cuales no son planteados por Dieterich Steffan) el Socialismo del siglo XXI consiste en una transferencia de poder de las élites gobernantes a organizaciones sociales más pequeñas: las Comunas o Juntas Comunales.[68] El problema radica en que esta transferencia de poder simplemente pasa ciertas atribuciones de mando a aquellos miembros de la comunidad que han sido relegados social, económico y/o políticamente en

---

67. Ibid, p. 49.
68. Para mas información referente a la organización y objetivos de las Juntas Comunales ver la *Ley Orgánica de los Consejos Comunales*, la cual se puede encontrar en http://infocentro.gob.ve/archivos/locc.pdf

gobiernos anteriores. Así, las Comunas existentes en Venezuela están conformadas casi exclusivamente por partidarios del gobierno actual.

El segundo punto de la filosofía del Socialismo del Siglo XXI trata sobre el sujeto racional-ético-estético, lo cual se refiere a la "[superación de] la división entre el trabajo intelectual y manual; [la abolición del] yugo extenuante y brutalizador de la plusvalía; [la eliminación de] la discriminación de colores, sexo e ingreso y [la superación del] abismo entre campo y ciudad, [de manera que] el ser humano se [realice] en las tres fuentes de [su] ser: el trabajo, el eros y el saber".[69] En pocas palabras, todos somos iguales y dotados con la misma capacidad física e intelectual. Este punto refuerza el concepto descrito anteriormente del colectivo sobre el individuo. Dentro de un colectivo único, las partes son intercambiables sin afectar el todo.

Lo anterior implica el tercer punto de esta filosofía: el Estado no-clasista. El concepto de democracia directa y el "hombre nuevo' sólo es posible alcanzarlo si se eliminan (a la fuerza, de ser necesario) las barreras de clases. El gobierno, que en sí mismo representa una clase, pasa de ser un ejecutor de la voluntad del pueblo, a un supervisor que garantiza que la voluntad de uno (que es la voluntad de todos) sea respetada.[70]

Esto nos lleva al punto más importante de la filosofía del Socialismo del siglo XXI: el concepto de la economía planificada de equivalencias. En resumen, lo que

---

69. Heinz Dieterich Steffan (2002) *El Socialismo del Siglo XXI*. México: Editorial ElectroComp, S.A. de C.V., p. 49.

70. Este concepto del Estado ejecutor vs. el supervisor lo explica Juan Carlos Monedero, cooperante internacional del Centro Internacional Miranda (CIM) en un documento del mismo organismo. La parte 1 de 5 de este documental se puede ver en http://www.youtube.com/watch?v=OEa1jsJmIcc

Dieterich Steffan plantea es lo siguiente: dado que todos los miembros de la sociedad son "iguales', el trabajo de cada miembro de la sociedad es valorado al mismo nivel. En otras palabras, una hora de trabajo de un individuo, indiscriminadamente de sus habilidades o conocimientos, es igual a una hora de trabajo de cualquier otro. De esta manera, establece el Socialismo del siglo XXI, el valor de un bien no viene dado por un sistema de libre mercado donde prevalecen las leyes de la oferta y la demanda; el valor de un bien viene dado por la cantidad de trabajo que ha sido necesario para producirlo. Si el cultivo de 1,500 Kg de patatas toma 50 horas, el campesino podría canjear 30 Kg de estas patatas por una serenata de 20 min de un trío musical. Por supuesto, insiste el autor, es importante destacar que no sólo los productos (como es el caso de las patatas), sino los servicios también (como en el caso de los músicos) están sujetos a la misma cuantificación de valor. Y no debemos ignorar que el cálculo "real' del valor podría resultar algo complicado, pues en el caso del campesino es importante incluir la alícuota (en horas de trabajo) de maquinaria, fertilizantes, agua, etc., que fue necesario usar para producir los 1,500 Kg de patatas; y en el caso de los músicos, no hay que olvidar el costo de los instrumentos musicales, uniformes, transporte y otros.[71]

Pero nos dice Dieterich Steffan que aunque "[l]a teoría del valor, que es la esencia de la economía política de Marx y Engels", haya fracasado en el pasado, "había determinado correctamente, siguiendo a Ricardo, el valor objetivo del producto en la cantidad promedia de trabajo abstracto, invertido en la producción de una mercancía". Pero no

---

71. Heinz Dieterich Steffan (2002) *El Socialismo del Siglo XXI*. México: Editorial ElectroComp, S.A. de C.V., pp. 45-46.

debemos preocuparnos de que dicho cálculo pueda fallar nuevamente, pues "no [existían entonces] las computadoras ni la matemática avanzada para calcular en la práctica el valor de un producto".[72]

Si es que acaso existiese alguna duda entre los lectores de la imposibilidad del cálculo económico que plantea el autor en su postulado del Socialismo del Siglo XXI, basta remitirles al famoso e histórico ensayo *El Cálculo Económico en el Sistema Socialista* del máximo exponente de la economía Austriaca, Ludwig von Mises, quien, desde 1920 ya había demostrado la incongruencia de semejante proposición económica.[73]

El Socialismo del siglo XXI en la Práctica

Durante el transcurso de sus consecutivos mandatos, desde 1999 hasta su fallecimiento en marzo de 2013, Chávez transformó la sociedad venezolana siguiendo los principios del Socialismo del siglo XXI.[74] En lo social, se enfocó en fomentar una guerra de clases entre ricos y pobres; estudiados y sin instrucción; cafés con leche y marrones.[75] Si

---

72. Ibid, p. 36.
73. Ludwig von Mises (1990 [1935]) *Economic Calculation in the Socialist Commonwealth*. Auburn, Alabama: Ludwig von Mises Institute. Una versión en español puede encontrarse en http://www.hacer.org/pdf/rev10_vonmises.pdf
74. Este punto es algo debatido, pues Chávez y Dieterich Steffan tuvieron una ruptura ideológica seguido por una reconciliación parcial (Ver, http://www.eluniversal.com/2011/08/16/el-ideologo-del-Socialismo-del-siglo-xxi-rompe-con-chavez.shtml y http://m.eluniverso.com/2013/1/6/1/1361/heinz-dieterich-el-10-enero-inicio-presidencia-pos-chavez-II.html). Como se argumenta en este ensayo, los postulados de Dieterich Steffan son meramente teóricos, ofreciendo muy poco en términos de aplicación práctica. La interpretación que pudiera haberle dado Chávez a esta ideología para aplicarla en la práctica puede ser condonada bajo esta perspectiva.
75. En una sociedad de tanta mezcla racial a lo largo de generaciones, como es el caso de la venezolana, se han desarrollado ciertos términos jocosos e inocentes para distinguir a aquellos que no son blancos caucásicos pero se acercan

bien es cierto que diferencias siempre han existido, nunca habían sido particularmente relevantes en el contexto de la sociedad venezolana. A diferencia de otros países como Colombia o México, donde las diferencias de clases son muy intensas, Venezuela había disfrutado de una relación cordial entre distintos grupos. Chávez paradójicamente resaltó las diferencias para, supuestamente, poder eliminarlas. En el fondo quedó claro que su intención era más bien la de crear un conflicto que le permitió avanzar su agenda política, cosa que fue más fácil hacer cuando se contaba con el soporte de las masas, las cuales estaban representadas, desafortunadamente, por los sectores más pobres de la población. Nótese también que parte de la estrategia de Chávez fue siempre permitir la fuga de cerebros y la migración. Entre menos oposición interna existiera más fácil era profundizar el cambio.

En lo político, Chávez comenzó a aglutinar, paulatinamente, todos los poderes en su persona (el ejecutivo, legislativo y judicial) de manera de poder agilizar y ahondar la revolución, y dictar todas las medidas necesarias sin cuestionamiento alguno. Una vez que tuvo el poder absoluto para modificar las leyes y la constitución a su antojo, sin oposición democrática, comenzó a delegar la responsabilidad al pueblo. Aunque la filosofía del Socialismo del siglo XXI establece la creación de Juntas Comunales mediante las cuales la sociedad pudiese ejercer la democracia directa y participativa, tomó más de 10 años comenzar a ejecutar esta transferencia de poder. Al mismo tiempo, re-

---

mucho, o aquellos que no son negros o indios pero tienen más tendencia a esas razas. Así, se usan los nombres de diferentes formas de tomar el café (un producto históricamente característico del venezolano), dependiendo de la cantidad de leche que se le añada.

saltamos de nuevo el hecho de que la oposición ideológica ha sido prácticamente diseminada, por lo que las Juntas Comunales quedaron conformadas solo por adeptos al régimen, evitando así cualquier tipo de disidencia.

Paralelo al control de la sociedad y los poderes se intentó llevar a cabo la transformación económica a una economía planificada de equivalencias. Sin embargo, antes de llegar al estado "ideal' en el cual la hora de un "burgués' valga lo mismo que la de un "peón', la Revolución necesitaba financiarse a sí misma.

Cuando Chávez llegó al poder, los precios del petróleo se encontraban en el nivel más bajo de los 25 años anteriores.[76] Con una balanza de pagos negativa (debido a los bajos ingresos por concepto petrolero) era imposible financiar reformas estructurales. Sin embargo, una nueva crisis en el Medio Oriente[77] hizo subir los precios del crudo hasta alcanzar, 10 años después, uno de los más altos valores que ha cotizado el petróleo en su historia.[78] También hubo un factor de habilidad de parte de Chávez, quien se dio a la tarea de mediar la deplorable situación que vivía la Organización de Países Exportadores de Petróleos (OPEP), de la cual Venezuela es miembro fundador, de manera de restablecer el poder que el cartel del petróleo disfrutaba en épocas pasadas.

Con los abultados ingresos petroleros, el gobierno de Chávez financió más de 30 misiones[79] que abarcan

76. El precio del barril estaba en US$ 16.74, ajustado a US$ de 2009. Fuente: http://chartsbin.com/view/oau

77. Que llegaría a su punto más álgido con la operación *Desert Storm*, o guerra del Golfo.

78. En 2008 el precio del barril alcanza un promedio de US$ 96.91 (ajustado a US$ de 2009). Fuente: http://chartsbin.com/view/oau

79. Las 'Misiones Bolivarianas' o simplemente 'Misiones' son el nombre dado por Chávez a programas de ayuda social financiados con dinero del Estado.

diversas áreas como educación, salud, vivienda, alimentación, y ayuda a grupos indígenas y minoritarios. Sin duda las misiones han tenido un impacto positivo en la población.[80] Sin embargo, se cuestiona de la administración de Chávez la eficiencia en el uso de esos cuantiosos recursos, especialmente cuando se analizan los resultados de una economía que ha disfrutado un período de abundancia. Al igual que sus antecesores, Chávez perdió la oportunidad de "sembrar el petróleo", como recomendaba el gran intelectual venezolano Arturo Uslar Pietri.[81]

Los Resultados

Algo muy importante a destacar del periodo de la Revolución Bolivariana es que la economía se ha manejado como un coto cerrado. Esto es, sólo los que forman parte del gobierno conocen la realidad económica. La mayoría de los reportes e indicadores económicos como PIB, desempleo, inflación, y otros, son manipulados para dar una mejor impresión ante la población y los organismos internacionales.

El nivel real de ingresos por concepto petrolero se desconoce, al igual que los gastos para el financiamiento de Misiones y otros programas del Estado. Se han dado regalos en especie (i.e., petróleo) a naciones por todo el

---

80. El nivel de alfabetismo aumentó un promedio de dos puntos para todas las edades. Fuente: http://stats.uis.unesco.org/unesco/TableViewer/tableView.aspx?ReportId=210

El número de años de escuela promedio aumenta de 4.8 en 1990 a 7.6 en 2009. Fuente: http://hdrstats.undp.org/en/indicators/103006.html

81. Para una reseña de Arturo Uslar Pietri y su legado ver http://noticiaaldia.com/2013/02/hace-12-anos-se-fue-sonando-con-sembrar-el-petroleo-arturo-uslar-pietri/

mundo,[82] en algunos casos en retorno por productos y servicios (en otras palabras, un trueque), aunque en la mayoría de los casos sin recibir ningún beneficio económico a cambio. Los presupuestos de la nación se calculan con base en un valor de la cesta petrolera muy inferior al valor real, con el propósito de: 1) reducir la alícuota que corresponde a los estados y dependencias regionales (especialmente a aquellas que, políticamente, no están bajo el dominio del partido del gobierno); y, 2) dirigir todos los ingresos adicionales a partidas secretas y de uso personal y exclusivo del presidente de la república.

La producción petrolera en 1997 alcanzaba los 3.5 millones de barriles diarios; hoy en día no llega a los 2.5 millones de barriles.[83] La empresa de petróleos del Estado, Petróleos de Venezuela, S.A. (PDVSA), era una de las compañías más grandes y reconocidas a nivel mundial. Hoy en día es una organización politizada,[84] con un alto nivel de accidentes laborales,[85] donde la meritocracia no existe, y el nivel profesional ha disminuido hasta el punto que el gobierno se vio obligado a importar mano de obra para operar una compañía que en otrora época era un

---

82. Un ejemplo de los muchos regalos de petróleo que ha dado el gobierno bolivariano, en este caso a Portugal, Irán y Bielorrusia. Ver http://www.eluniversal.com/2011/08/03/pdvsa-suministro-88-mil-bd-a-iran-belarus-y-portugal.shtml

83. Cifras del U.S. Energy Information Administration. Ver http://www.eia.gov/countries/country-data.cfm?fips=VE#pet

84. En 2003, Chávez despidió en cadena de televisión a más de 17 mil empleados de PDVSA que se oponían al régimen socialista; en 2006, el Ministro de Energía y Minas, Rafael Ramirez, le advirtió a los empleados de PDVSA que o soportaban a Hugo Chávez o renunciaban. Ver http://www.eldia.es/2003-06-17/venezuela/venezuela1.htm y http://news.bbc.co.uk/2/hi/americas/6114682.stm

85. Más de 30 accidentes reportados de enero a agosto de 2012. Fuente: http://www.eluniversal.com/economia/120828/a-chronology-of-accidents-in-the-venezuelan-oil-industry-during-2012

baluarte del conocimiento y la capacidad técnica y gerencial del venezolano.

El aparato industrial en vez de fomentarse se ha destruido. La ola de expropiaciones tanto de tierras como de empresas ha espantado al capital nacional y extranjero. Las empresas han sido despojadas de su organización gerencial calificada y en su puesto han colocado a miembros del gobierno, de los sindicatos y a empleados de nómina sin ninguna habilidad ni experiencia para gerenciar empresas. Los dueños originales no han recibido un valor justo por su arrebatada propiedad.[86] Entre tanto, la productividad de estas empresas y tierras ha disminuido notablemente y son incapaces de satisfacer la demanda, ya sea por carencia de insumos, por incapacidad técnica o simplemente porque no pueden calcular la demanda debido a la distorsión de precios ocasionada por la inflación y los controles de cambio.

La inestabilidad social y económica ha ocasionado pánico en los mercados de capitales, creando grandes fugas de capital al extranjero. Esto, combinado con una deuda interna creciente debido al incremento del gasto público, ha obligado al gobierno a imponer controles cambiarios. Estos controles cambiarios tienen la doble finalidad de fijar una tasa irreal de cambio que permita financiar la deuda interna a un precio nominal inferior al de mercado (y pagarla con petrodólares provenientes del mercado externo a su valor real), y la de regular la fuga de divisas al hacer ilegal la compra/venta de moneda extranjera sin previa aprobación del gobierno.

---

86. Asumiendo que un valor pudiera ser calculado en un sistema económico que pretende basar el valor en el número de horas trabajadas.

La consecuencia natural de un control de cambio es la creación de un mercado de divisas paralelo (e ilegal, pero no deja de existir) que cotiza las divisas nacionales a su valor real de mercado (de nuevo, asumiendo que existe un "mercado' como tal). Esta diferencia de precio entre la moneda regulada y la del mercado paralelo es lo que genera inflación. En el caso venezolano esto resulta cierto pues el gobierno autoriza divisas al cambio oficial (o a diversos tipos de cambio, dependiendo del rubro en cuestión) para la importación de algunas mercancías, mientras que para otras los cupos o límites son menores. Aquellos productos que son considerados de primera necesidad (i.e., productos de la cesta básica), o materias primas para la industria, reciben divisas preferenciales.[87] El resto de los productos deben atenerse a las cuotas que se les otorgan o deben recurrir al mercado paralelo/ilegal.

Otra consecuencia de lo anterior es la carencia de productos, lo cual se ha hecho muy evidente en la economía venezolana, especialmente en los últimos años. Al no tener los productores acceso rápido a materias primas importadas (debido al control de cambio), no pueden satisfacer la demanda de sus productos. El desabastecimiento también ocurre por otro factor que mencionábamos al principio: la fuga de capitales. Cuando las empresas pierden la confianza en la estabilidad político-económica de una jurisdicción migran a otros lugares que ofrezcan más protección a la propiedad privada. Debido a los controles

---

87. A pesar de existir mecanismos de otorgamiento de divisas, la burocracia es tan grande que muchas empresas quiebran al quedarse sin flujo de caja debido a los largos lapsos de tiempo que toma el gobierno para otorgar las divisas.

de cambio, resulta difícil satisfacer la demanda de un producto que ya no se produce en el país.[88]

Toda esta situación de desabastecimiento e inflación se ha intentado regular mediante el establecimiento de controles de precios, en particular para alimentos de la cesta básica y medicamentos. Como cualquier otro mecanismo que intenta interferir con el libre mercado (i.e., con las preferencias y valoraciones de cada individuo), el control de precios sólo logra crear más desabastecimiento, pues para muchos productores resulta más eficiente dejar de producir que producir a los precios establecidos por el gobierno; al mismo tiempo, a los distribuidores les resulta conveniente (en el caso de productos no perecederos) retenerlos a la espera de un alza o liberación de precios.

Los casos de desabastecimiento en años recientes abundan. Desde fallas de energía eléctrica, hasta falta de papel higiénico,[89] la vida del venezolano se ha reducido a una constante lucha por la subsistencia. Como bien decía Winston Churchill: "El vicio inherente al capitalismo es el desigual reparto de bienes. La virtud inherente al Socialismo es el equitativo reparto de miseria."[90]

---

88. Es importante considerar también que Venezuela, por su carácter mono-productor, debe importar una gran cantidad de productos e insumos.
89. Para algunos ejemplos en los medios impresos ver http://fullcomment.nationalpost.com/2013/06/10/kelly-mcparland-venezuelas-populist-government-continues-to-plague-the-population/ y también, http://www.eluniversal.com/economia/130527/colombia-ofrecio-apoyo-a-venezuela-para-superar-el-desabastecimiento
90. Winston Churchill (1945) 'Demobilisation'. Speech in the House of Commons, Londres, octubre 22. Se puede encontrar en http://hansard.millbanksystems.com/commons/1945/oct/22/demobilisation#S5CV0414P0_19451022_HOC_300

Conclusión

La historia económica de Venezuela ha estado dominada primordialmente por la producción y comercialización de un único producto: el petróleo. Desde su descubrimiento, la venta de petróleo ha servido para enriquecer a las élites dirigentes y comprar votos de un pueblo por demás dispuesto a aprovecharse de un Estado benefactor.

La historia de la primera mitad del siglo XX, plagada de dictaduras militares, violaciones a los derechos de propiedad y de expresión, e intentos de planificación social y económica, se ven repetidos una vez más en los 14 años de gobierno de Chávez.

El Socialismo del siglo XXI que se introdujo a partir de la década de los noventa carece de fundamento económico para dar resultado, no sólo en Venezuela, sino en cualquier sociedad. La imposibilidad de efectuar un cálculo económico de los niveles de producción para satisfacer las necesidades de la población sin la existencia de un sistema de precios establecidos por un libre mercado se pone de manifiesto en los altos niveles de desabastecimiento e inflación que experimenta actualmente la economía venezolana.

Es factible que el experimento socialista continúe por falta de una oposición unificada y mientras los precios del petróleo sigan siendo elevados. Sin embargo, sus años están contados.

Si el norte fuera el sur: Canadá y el Socialismo del siglo XXI

Victoria L. Henderson

Directora del Instituto de Análisis Económico y Social (ISEA).
Sus investigaciones fueron reconocidas por el Social Sciences and
Humanities Research Council of Canada y el Institute for Humane
Studies en los Estados Unidos.

Se suele escuchar que el Socialismo del siglo XXI es un proyecto circunscrito a América Latina. Pero tal interpretación oculta dos factores importantes para una comprensión robusta de la ola socialista contemporánea: primero, el apoyo de un sector de la población norteña que busca legitimar, intelectual y moralmente, al Socialismo en el sur; y segundo, la cooptación simbólica y retórica del radicalismo sureño por parte de esa misma población para promover el Socialismo en el norte. En el presente ensayo, ofrezco un análisis breve de estos dos factores desde una perspectiva canadiense históricamente contextualizada. La introducción del elemento norteño en discusiones sobre el Socialismo del siglo XXI sirve no sólo para precisar la extensión geográfica de la red izquierdista-bolivariana hoy en día, sino también presenta oportunidades para atender las lagunas en el entendimiento público sobre este fenómeno.

Canadá y el Socialismo cubano

Según los militantes, el Socialismo del siglo XXI[91] busca construir "un mundo pluripolar,'[92] acabando con el Estado hegemónico y privilegiando a la democracia participativa. Sin embargo, Cuba ha surgido como el indiscutible núcleo estratégico de este movimiento pretendidamente pluralista.

Para los canadienses, la posición de Cuba en la vanguardia del Socialismo del siglo XXI es significativa dado que Canadá siempre ha mantenido una relación estrecha con la isla castrista. Consideremos, por ejemplo, que el entonces primer ministro canadiense Pierre Trudeau escandalizó al mundo durante su visita a Cuba en 1976 cuando gritó "¡Viva el Primer Ministro, Comandante Fidel Castro!' en una reunión política en Cienfuegos. Tanto la declaración como la visita de Trudeau, que ocurrió en las postrimerías de la intervención cubana en Angola, fueron criticadas nacional e internacionalmente. Pero frente a la crítica, Trudeau, afiliado al partido Liberal, señaló que tan sólo estaba continuando la política establecida por el previo gobierno Conservador de John Diefenbaker, el cual rehusó romper relaciones con Cuba después de que Castro se declaró comunista —a pesar de la fuerte presión ejerci-

---

91. Para los fines de este ensayo, se entiende 'Socialismo del Siglo XXI' como un concepto generalizado. No hago distinción entre la teoría intelectual del Socialismo del Siglo XXI (popularizado, por ejemplo, por Heinz Dieterich, quien fue asesor de Hugo Chávez, o Henry Veltmeyer, que mantiene puestos académicos en Canadá y México), y la práctica del Socialismo del Siglo XXI. Dado que las varias teorías del Socialismo del Siglo XXI concuerdan en el rechazo del autoritarismo y que en la práctica vemos, particularmente en Venezuela, la regresión hacia el autoritarismo, vale preguntar si el Socialismo del Siglo XXI se refiere a un fenómeno analíticamente distinto o si más bien marca la nueva instancia temporal de la misma teoría de siempre.
92. Hugo Chávez (2011) El Socialismo del Siglo XXI. Caracas: Ministerio del Poder Popular para la Comunicación y la Información, 27.

da por los Estados Unidos para que Canadá se uniera al embargo comercial contra Cuba.[93]

Los analistas disputan si la decisión de Diefenbaker de mantener relaciones con la Cuba comunista fue motivada por una actitud anti-estadounidense (dando a Diefenbaker la oportunidad de destacar la política exterior canadiense como algo distinto a la de los Estados Unidos), por una posición nacionalista (asegurando las inversiones canadienses en el sector financiero y bancario en Cuba[94]), o por el propósito de abrir un espacio político en el cual Canadá pudiera asumir el rol de mediador entre EEUU y Cuba (a pesar de que EEUU había indicado que no aceptaría que Canadá actuara en su nombre en la isla).

Independientemente de la motivación política de Diefenbaker, su decisión de aislarse de la posición estadounidense sobre Cuba puso en marcha una larga tradición popular entre los canadienses de identificarse con Cuba para subrayar su soberanía frente a EEUU. Un editorial, escrito por el hijo de un diplomático canadiense que estuvo involucrado en la decisión de Diefenbaker, lo deja claro. Dirigiéndose al senador estadounidense Jesse Helms, co-autor de la ley que reforzó el embargo a Cuba in 1996, Duart Farquharson declara, "[En relación al tema de] Cuba, ustedes no tienen el apoyo de Canadá. Nuestros políticos [...] han estado en desacuerdo sólo en el grado en que uno intenta ser más listo que el otro para ganar el punto.'[95]

---

93. Canadá consintió en el embargo de los bienes estratégicos, prohibiendo su paso por territorio canadiense, pero negó participar en el embargo comercial.
94. El banco canadiense más importante, Royal Bank of Canada, mantenía más depósitos comerciales en Cuba en 1950 que cualquier otro banco con inversión en la isla.
95. Duart Farquharson (1996) Sen. Helms Unites Canada. Edmonton Journal, 10 marzo, A6.

Por décadas, Canadá ha mirado hacia otro lado ante acusaciones del abuso de los Derechos Humanos en Cuba, una actitud que llegaría a ser el sujeto de una disputa diplomática en 2009 cuando el jefe de misión de la sección de intereses de los Estados Unidos en La Habana acusó a Canadá (entre otros países) de comunicarse solamente con el oficialismo cubano, ignorando completamente a la población disidente.[96]

Socialismo del siglo XXI y los partidarios canadienses

Existe en Canadá un sinnúmero de grupos partidarios del Socialismo del siglo XXI en América Latina. La Red Canadiense de Solidaridad con Cuba (CNC) [97] hoy tiene más de veinte grupos miembros, incluyendo uno de los más poderosos sindicatos federales (el Sindicato de los Carteros Canadienses) y dos partidos políticos federales (el Partido Comunista y el Partido Marxista-Leninista). Los miembros se dedican a promover el Socialismo en Cuba e influenciar la política canadiense al respecto. El ejecutivo del CNC cuenta con el apoyo de los representantes del gobierno cubano en Canadá, y los grupos miembros colaboran con otras entidades civiles que se suscriben al Socialismo del Siglo XXI, particularmente en Venezuela.

Círculos Bolivarianos han sido establecidos en por lo menos tres de las ciudades más grandes de Canadá: Vancouver, Montreal y Toronto. Entre los tres, el Círculo Bolivariano Louis Riel (CBLR) de Toronto, fundado en 2002

---

96. 'Canada "Kowtowing" to Havana to Curry Business Favours: U.S. Cable' (2010) Toronto Star, 18 diciembre, A3.
97. Véase: <http://canadiannetworkoncuba.ca/>.

y nombrado por el polémico líder Métis[98] de una rebelión contra el gobierno canadiense en 1885, ha sido el más políticamente activo, uniéndose en 2009 al movimiento internacional Hands Off Venezuela, que tiene su sede principal en Londres. Los grupos solidarios con Venezuela tienen representación en varias universidades canadienses, y organizan campañas de vigilancia mediática y política para defender una visión favorable al Socialismo del siglo XXI.

Un miembro del CBLR, Dra. María Páez Victor, junto con Antonio García Danglades (ambos de origen venezolano), lanzó una denuncia contra el Toronto Star, el periódico de más circulación en Canadá, en 2006, alegando que una serie de cuatro artículos publicados por el periódico fueron "erróneos, desequilibrados, parciales y degradantes."[99] Según Páez Victor y García Danglades, aunque el autor de los artículos entrevistó a miembros de la oposición y seguidores de Hugo Chávez, no mantuvo los estándares del periodismo profesional por no haber entrevistado a un representante del oficialismo. Por su parte, el autor explicó que en varias ocasiones pidió entrevista con un representante del gobierno a través de la embajada venezolana en Washington, pero nunca recibió respuesta. Después de considerar la evidencia, el Consejo de Prensa de Ontario emitió un fallo a favor de Páez Victor y García Danglades – y, notablemente, a favor del gobierno venezolano. Según el Consejo, "sólo el comentario de los representantes del

---

98. Los Métis son uno de los grupos aborígenes canadienses resultantes de la mezcla entre un indio aborigen y un descendiente europeo.

99. María Páez Victor y Antonio García Danglades (2006) 'Complaint Regarding Four Erroneous, Incomplete, Unbalanced, and Demeaning Articles About Venezuela Published by the Toronto Star in May 2006.' Presentación al Consejo de Prensa de Ontario, Toronto. Disponible en: <http://www.handsoffvenezuela. org/pdf/ontario-press-presentation.pdf>.

gobierno podría compensar la crítica del régimen venezolano contenido en los artículos.'[100]

La decisión del Consejo de Prensa sirvió a Páez Victor, en 2010, cuando apareció frente a la Subcomisión de los Derechos Humanos Internacionales del parlamento canadiense, para declararse como testigo en una sesión sobre los Derechos Humanos en Venezuela. Según Páez Victor, en su testimonio, el reportaje del Toronto Star fue parte de una "campaña intencionalmente parcial'[101] para distorsionar los avances de la revolución bolivariana. En su fallo, el Consejo de Prensa en ningún momento indicó que los artículos en el Toronto Star fueron intencionalmente parciales ni pidió que el periódico corrigiera las estadísticas que Páez Victor y García Danglades llamaron erróneas.

Durante el transcurso de su investigación sobre los Derechos Humanos en Venezuela, la subcomisión canadiense escuchó o recibió testimonio de cuatro grupos solidarios con el Socialismo del siglo XXI en Venezuela: el Círculo Bolivariano Louis Riel (que envió tres miembros a ser testigos); la Sociedad Bolivariana de Quebec (el círculo bolivariano de Montreal, también afiliado con Hands Off Venezuela, que envió dos testigos); Coalición Venezuela Estamos Contigo (con su sede en Toronto, que entregó testimonio escrito por el Dr. Paul Kellogg de Athabasca University); y Barrio Nuevo (que también entregó testimonio escrito). Aunque la subcomisión también recibió

---

100. 'Star Stories on Venezuela Lacked Balance, Panel Rules' (2007) Toronto Star, 13 marzo, A13. Disponible en: <http://www.thestar.com/news/2007/03/13/star_stories_on_venezuela_lacked_balance_panel_rules.html>.
101. Testimonio de María Páez Victor ante la Subcomisión de los Derechos Humanos Internacionales (2010) Parlamento de Canadá, Ottawa, 4 mayo. Disponible en: <http://openparliament.ca/committees/international-human-rights/40-3/12/?page=1>.

testimonio de otras organizaciones e individuos, cuyas opiniones sobre la situación de los Derechos Humanos en Venezuela fueron más moderadas (y, en algunos casos, críticas), el desbalance de los testigos militantes a favor de la revolución bolivariana fue evidente, y notado por un parlamentario, quien confesó que era difícil hacer preguntas sustantivas frente al "fan club' (club de admiradores) de Chávez.[102]

Recopilación de inteligencia vs. diseminación de inteligencia

Chávez llamó a la creación de una red de círculos bolivarianos en 2001. Hasta hoy en día, el enfoque principal de los analistas ha sido el rol de los círculos dentro de Venezuela. En su reciente testimonio ante la Subcomisión sobre el Terrorismo, No-Proliferación, y Comercio del Congreso de EEUU, por ejemplo, Roger Noriega, argumenta que los círculos bolivarianos facilitan la identificación de los jóvenes venezolanos más militantes, quienes son seleccionados para entrenamiento táctico en Irán.[103] Recordemos que tanto Chávez como los más reconocidos intelectuales del Socialismo del siglo XXI (algunos que mantienen puestos académicos en Canadá) buscan soporte al nivel internacional.

Mientras la prensa estadounidense ha sugerido que los círculos bolivarianos son un aparato para la recopilación

---

102. Comentario de Mario Silva (Partido Liberal) ante la Subcomisión de los Derechos Humanos Internacionales (2010) Parlamento de Canadá, Ottawa, 4 mayo. Disponible en: <http://openparliament.ca/committees/international-human-rights/40-3/12/?page=1>.
103. Testimonio de Roger Noriega ante la Subcomisión sobre el Terrorismo, No-Proliferación, y Comercio (2013) Congreso de los Estados Unidos, Washington, 20 marzo. Disponible en: <http://www.gpo.gov/fdsys/pkg/CHRG-113hhrg80122/pdf/CHRG-113hhrg80122.pdf>.

de inteligencia,[104] en Canadá es más probable que sirvan principalmente para la diseminación de la inteligencia, llevando la política bolivariana, sin censura, al pueblo canadiense. En 2004, el Wall Street Journal reportó que Venezuela había contratado a un bufete de abogados en Washington para mejorar la imagen del gobierno frente al público estadounidense y los miembros del Congreso,[105] optando por la misma táctica empleada exitosamente por Jean-Bertrand Aristide, quien compró el consentimiento de Washington por una década a pesar de los abusos que llevaba a cabo en Haití. Con el mismo objetivo, Venezuela fundó la Oficina de Información Venezolana en Washington en 2004,[106] e intentaba pulir su imagen en Canadá tras la visita a Ottawa y Montreal en 2005 de un congresista enviado para combatir la prensa negativa sobre una serie de cambios a la Constitución venezolana que consolidaba el poder del presidente.[107]

Los representantes de los círculos bolivarianos canadienses que dieron su testimonio ante el parlamento en 2010 negaron haber recibido dinero del gobierno venezolano. Sin embargo, parecen tener enlaces directos al Partido Socialista Unido de Venezuela (PSUV). Según un artículo en el sitio web de Aporrea, un medio fundado en 2002 por la Asamblea Popular Revolucionaria para "enfrentar

---

104. Casto Ocando (2005) 'Redes chavistas penetran en EEUU' El Nuevo Herald, 20 marzo, A1.

105. Mary Anastasia O'Grady (2004) 'Winning Hearts and Minds Inside the Beltway,' Wall Street Journal, 9 abril, A9.

106. Los documentos entregados bajo el Foreign Agents Registration Act están disponibles en <http://www.fara.gov/docs/5624-Exhibit-AB-20040520-HYN72M04.pdf>.

107. Jim Creskey (2007) 'Selling 21st Century Socialism,' Embassy, 19 septiembre.

la ofensiva golpista de la burguesía venezolana,'[108] el Círculo Bolivariano Louis Riel de Toronto "está en contacto con patrullas del PSUV que le envía regularmente información' y tiene "representación' en dos universidades canadienses.[109]

Un pueblo unido jamás será vencido

El 2012 fue un año de mucha agitación social en Canadá. El aviso de un aumento mínimo en la matrícula de las universidades en Quebec fue recibido con meses de protestas estudiantiles, y el movimiento nacional Idle No More (No Más Inactividad), lanzado por miembros de la comunidad indígena en respuesta a propuestos cambios legislativos que les afectaba, terminó aglutinando a los manifestantes indígenas con miles de partidarios no-indígenas en protestas que tomaron lugar en toda la extensión del territorio canadiense. En ambos casos, se ven instancias de convergencia de intereses con grupos partidarios del Socialismo del siglo XXI en América Latina: una organización que se dedica a guardar la memoria de los refugiados políticos latinos en Edmonton, por ejemplo, lanzó un video explicando el movimiento Idle No More en el contexto de la revolución bolivariana;[110] en otro ejemplo, un artículo circulado ampliamente en Canadá cita a Camila Vallejo, la reconocida líder de las protestas estudiantiles en Chile y

---

108. Véase: <www.aporrea.org>.
109. '¡EL Circulo Bolivariano Louis Riel de Canadá listo para la contienda!' (2012) Aporrea, 4 octubre. Disponible en: <http://www.aporrea.org/venezuelaexterior/n215566.html>.
110. Véase: <http://www.youtube.com/watch?v=sJ9BwmDHhig>.

admiradora de Chávez y Castro, ofreciendo consejos a los manifestantes estudiantiles de Quebec.[111]

El fallecimiento de Chávez en marzo 2013 fue conmemorado en la portada de todos los periódicos más grandes de Canadá. El primer ministro canadiense emitió una comunicación de prensa expresando su esperanza que los venezolanos tomaran la oportunidad de construir "un futuro mejor, basado en los principios de la libertad, la democracia, el estado de derecho y los Derechos Humanos."[112] En respuesta, la vice-ministra para América del Norte del gobierno de Venezuela emitió una carta de protesta oficial contra el gobierno canadiense, diciendo que el comentario del primer ministro fue insensible — un sentimiento respaldado por los activistas canadienses, que organizaron tributos en honor a Chávez en Montreal, Ottawa, Hamilton, Windsor, Edmonton, Calgary, Vancouver, Toronto y Halifax, con el apoyo de varios grupos solidarios con Cuba, además del Sindicato de Los Carteros Canadienses.[113] El evento fue promovido no sólo por el Partido Marxista-Leninista sino también por el Nuevo Partido Democrático (NDP), el Partido Sindicalista que actualmente (y por primera vez en su historia) representa la oposición oficial en el parlamento nacional tras haber

111. Jennifer Ditchburn (2012) 'Chilean Star Vallejo Cheers Quebec Students,' Metro, 12 junio. Disponible en: <http://metronews.ca/news/canada/246193/chilean-star-vallejo-cheers-quebec-students/>

112. Stephen Harper citado en Mike Blanchfield (2013) 'Venezuela Slams Harper for "Blunt, Insensitive, Impertinent" Remarks on Hugo Chavez's Death,' National Post, 7 marzo. Disponible en: <http://fullcomment.nationalpost.com/2013/03/07/todays-letters-hugo-chavez-made-a-real-difference-in-venezuela/>.

113. Para ver fotos de uno de los servicios en honor a Chávez en Toronto, véase: Avanzada Bolivariana (2013) 'Canadienses despiden al Comandante Hugo Chávez,' Aporrea, 9 marzo. Disponible en: <http://www.aporrea.org/venezuelaexterior/n224676.html>.

obtenido el segundo mayor número de votos en las más recientes elecciones.

Justo en el periodo de duelo por la muerte de Chávez, más de 125 personas representando organizaciones en Montreal, Vancouver, Toronto, Kitchener, Londres y Hamilton, además de unos de los pueblos indígenas de Canadá, se reunieron en Ottawa para lanzar una red nacional de solidaridad con Venezuela llamada Avanzada Bolivariana. Los delegados de la reunión aprobaron cuatro objetivos principales: (i) apoyar la revolución bolivariana, el legado de Chávez, la profundización del Socialismo, la independencia de América Latina y el Caribe, y la erradicación del capitalismo; (ii) reforzar la solidaridad e intercambio entre Canadá y los países de América Latina, especialmente a través de la Alianza Bolivariana para los Pueblos de Nuestra América (ALBA); (iii) cabildear para que las organizaciones y colectivos de Canadá se sumen a la red de solidaridad con Venezuela; y (iv) respaldar al cuerpo diplomático de la República Bolivariana de Venezuela en Canadá.[114]

De los cuatro objetivos, lo más preocupante es el cuarto porque señala que los grupos canadienses solidarios con Venezuela están dispuestos a aceptar y respaldar cualquier posición del oficialismo venezolano sin hacer un análisis crítico de las implicaciones que una política determinada pudiera tener en el futuro de ambas naciones. Los grupos solidarios con Cuba han empleado la misma estrategia de acercarse a los diplomáticos cubanos en Canadá.

---

114. 'Declaración de apoyo al Pueblo Bolivariano y a Nicolás Maduro' (2013) Ottawa, 6 abril. Disponible en: <http://venezuelasolidarity.files.wordpress.com/2013/04/declaracion-de-ottawa-06042013.pdf>. Para ver más información, incluyendo un video, sobre el lanzamiento de la red solidaria bolivariana en Canadá, véase <http://barrio-nuevo.org/?p=2652>.

En ambos casos, los grupos facilitan que los diplomáticos tengan acceso no sólo a audiencias públicas sino también a audiencias académicas en las más reconocidas universidades canadienses.

Conclusión

La revista de mayo 2013 de la camarilla radical del Nuevo Partido Democrático de Canadá tiene un artículo titulado "Viva el espíritu de Hugo Chávez". En su homenaje a Chávez, la autora explota el simbolismo de la revolución bolivariana para promover su visión del Socialismo del Siglo XXI en Canadá. Escribe: "Una victoria para Venezuela en la lucha contra el capitalismo y el imperialismo sería una victoria para los indígenas canadienses. Sería una victoria para los profesores, para los trabajadores públicos en Ontario, para los carteros, para los empleados de Air Canada (la línea aérea nacional), para trabajadores siderúrgicos, para los Quebecois, los Acadians, la gente de Terranova, y la clase trabajadora."[115]

Por un partido que recién votó para eliminar la palabra "socialista" de la constitución de su partido, el artículo publicado por la NDP subraya que su misión ideológica no ha cambiado. Además, destaca el grado en que tanto los líderes como la retórica del Socialismo del siglo XXI en América Latina repercuten en la política canadiense. Por supuesto, Canadá no está al borde de una revolución socialista ni mucho menos. Pero no se puede negar que existe una amplia y coordinada representación de la ideológica más militante del Socialismo tropical en Canadá.

---

115. Elizabeth Byce (2013) 'Long Live the Spirit of Hugo Chavez,' Turn Left / Virez à gauche, 10. Disponible en: <http://www.ndpsocialists.ca/Turn%20 Left%20-%20Spring%202013%20-%20For%20Web.pdf>.

El movimiento solidario canadiense tiene dos funciones. Primero, hace el trabajo de vigilancia y relaciones públicas al servicio de los gobiernos socialistas latinoamericanos, principalmente Venezuela y Cuba. Al menos uno de los círculos bolivarianos canadienses parece recibir información directamente del PSUV, y la red nacional solidaria con el bolivarianismo en Venezuela tiene como uno de sus principales objetivos respaldar al cuerpo diplomático venezolano en Canadá. Pero no es sólo el contenido de la información que estos grupos recirculan lo que lo hace notable, sino los espacios en los que se han logrado presentar (p.e., la prensa nacional, las universidades públicas, el parlamento), que contribuyen a la institucionalización y legitimización del movimiento.

La segunda función que realizan los grupos solidarios canadienses es promover el Socialismo en el ámbito doméstico a través de la cooptación del simbolismo y la retórica de los movimientos izquierdistas-bolivarianos en América Latina. Cuando dice Elizabeth Byce en su artículo publicado por la revista NDP que una victoria en Venezuela es una victoria para los indígenas canadienses, está explotando el momento histórico que presentaban las manifestaciones de Idle No More. El hecho de que la población indígena canadiense esté creciendo mucho más rápido que la población no-indígena parece haber animado a los políticos a prestar más atención a los asuntos indígenas de lo que históricamente han tenido. Casi la mitad de esta población tiene menos de 24 años y muchos viven en condiciones bastante difíciles. Tomado fuera de contexto los logros seleccionados del Socialismo sureño fácilmente llegan a ser gritos de guerra entre los activistas canadienses, distorsionando no solo el entendimiento de la política latinoamericana, sino también el efecto que podría tener la aplicación de esta política en el contexto canadiense.

Hasta cierto punto, lo que han logrado hasta ahora los grupos canadienses solidarios con el Socialismo latinoamericano se ha debido más a la identificación histórica con la Cuba castrista y la falta de información alternativa sobre el Socialismo contemporáneo que a la fuerza propia del movimiento. La cantidad de organizaciones canadienses que se dedican, de una manera u otra, a defender el Socialismo del siglo XXI en América Latina es impresionante. El desafío para todos los que entendemos la importancia suprema de la libertad y el estado de derecho, tanto en Latinoamérica como en Canadá, será abrir nuevas redes de comunicación para colaborar en la producción y diseminación de investigaciones socioeconómicas robustas, involucrándonos en los debates políticos y populares y recordando siempre que el Socialismo del siglo XXI tiene óptica internacionalista y así lo debemos confrontar.

¿Nuevo Socialismo o fascismo tropical?: apuntes para comprender el nuevo caudillismo en América Latina

Félix Maradiaga

Presidente ejecutivo y creador de la Fundación Libertad de Nicaragua. En 2007 fue Secretario General de Ministerio de Defensa. Fue Becario Mundial de Yale University. Tiene maestría en Administración Pública. Junio de 2013[116]

Mucho se ha hablado sobre la verdadera definición del denominado Socialismo del siglo XXI en el sentido usado por el Comandante Hugo Chávez, quien fue presidente de Venezuela desde el año 1999 hasta su fallecimiento en Marzo de 2013. Chávez fue el autonombrado caudillo de una supuesta "revolución bolivariana" que todavía aspira a sentar bases en América Latina. A pesar de la crisis actual de dicho proyecto, hay una serie de países de América Latina en donde las ideas de un nuevo Socialismo continúan ganando tracción. Si en algún momento hubo quienes no tomaron en serio el proyecto de expansionismo político impulsado por el fallecido presidente Chávez, basta con dar un rápido vistazo a las relaciones de poder que aún siguen vigentes entre Venezuela y Bolivia, Ecuador y Nicaragua.

Excluyo de esta lista a Cuba, pues aunque existe un tórrido "affair" entre el Castrismo y el Chavismo, a diferencia de países como Nicaragua, el liderazgo de esa isla caribeña siempre dejó claro que su relación con Venezuela

---

116. Este documento está basado en una conferencia brindada por el autor en Julio de 2009, sobre la crisis de la democracia en Nicaragua.

debe ser una de provecho estratégico y político pero no de subordinación. Mientras en Nicaragua el Comandante Chávez era recibido cual jefe de un partido político en gira de campaña por uno de sus municipios por el dócil y solicito alcalde, en Cuba el Comandante Chávez llegaba adoptando un cuidadoso porte de discípulo esperando ser iluminado por su mentor.

Y es que en realidad el Comandante Chávez aspiraba a ser el heredero de Castro en América Latina, a pesar de carecer de muchas de las características que han permitido que el anciano jefe del Partido Comunista Cubano mantenga, a través de su hermano, un férreo control de la isla. Al presidente Chávez le faltó la salud y longevidad que ha caracterizado a los hermanos Castro, pero también hubo otros serios déficits estratégicos a ese proyecto. Por ejemplo, le faltó un plan de sucesión con mayor legitimidad a lo interno del Partido Socialista Unido de Venezuela (PSUV) y otras cualidades necesarias para inspirar y movilizar a sectores menos radicales que hoy empiezan a desertar del Chavismo como lo pudimos observar en las elecciones presidenciales más recientes. Sin embargo, tampoco hay que obviar que el estado de Venezuela cuenta con reservas certificadas de petróleo a su disposición que hoy ascienden a más de 150 mil millones de barriles.

Al hablar de las carencias del Chavismo me refiero principalmente a la ausencia de un proyecto político coherente que sea capaz de sostenerse por su propio peso y no únicamente por el clientelismo petrolero. Dicho de otra forma, el denominado Socialismo del siglo XXI es una arenga política anticapitalista que carece de un proyecto ideológico completo en el sentido más estricto de su acepción. Por proyecto ideológico me refiero a la "estructura conceptual de referencia que provee de criterios para la elección y la decisión en virtud de los cuales la mayoría de actividades de una comunidad organizada es gobernada" (Martin Serliger, citado por Sternhell, 1976, p. 318). Parajódicamente, un sector amplio de los mismos seguidores del legado político del Comandante Chávez reconoce que el Chavismo es un proyecto político en formación que "aún no es una ideología estructurada" sino más bien "un sentimiento" o "una expresión que vincula una inclinación o preferencia política hacia el liderazgo de Hugo Chávez Frías". Así lo explica un joven politólogo ligado al Partido Socialista Unido de Venezuela (PSUV) y auto-denominado Chavista en un artículo llamado "¿Qué es el Chavismo":

"...el Presidente Chávez y el General Clíver Alcalá han afirmado y ratificado al "Chavismo", el primero como un sentimiento y el segundo como una condición... El "Chavismo" nace como una expresión que vincula una inclinación o preferencia política hacia el liderazgo de Hugo Chávez Frías... El "Chavismo" por tanto aún no es una ideología estructurada (...) Ideológicamente el "Chavismo" ha pasado del "Árbol de las 3 Raíces" a "La Tercera Vía", el "Socialismo del Siglo XXI" y en la actualidad se circunscribe en el "Socialismo Bolivariano", pero en ningún momento ha dejado de ser "chavista" ya que se direcciona permanentemente por la conducción del Presidente Chávez. Es entonces el "Chavismo" un sentimiento, una profunda identificación con un estilo y forma de liderazgo, y aunque en principio se alimenta del personalismo, trasciende a una forma de concebir la política que va más allá de este liderazgo y tiende a poseer cuerpo y doctrina propia (...) El "Chavismo" es marxista y cristiano, y sin ser contradictorio, se alimenta del sincretismo latinoamericano... no tengo duda que el "Chavismo" es praxis política en plena construcción."[117]

El mismo autor del artículo antes citado, en una carta pública dirigida a Nicolás Maduro el 31 de Marzo de 2013 durante la campaña presidencial, expresa preocupación que para ser Chavista "*el requisito pareciera ser sólo ponerse la franela roja, y hablar de un Socialismo light en el mejor de los casos... Recomendaría a los que recientemente se incorporan que pasaran por el sistema de formación político-ideológica del proceso revolucionario, pero la verdad es que este aún no existe.*"[118]

Lo que indudablemente existe en Venezuela es un proyecto personalista de la misma forma en que en Nicaragua el sandinismo oficialista se convirtió en Orteguismo —como lo han sostenido líderes históricos del Sandinismo como la comandante Dora María Tellez y el ex Vicepresidente de Nicaragua Sergio Ramírez— al dejar atrás muchas de las bases ideológicas sobre las cuales se fundó el Frente Sandinista de Liberación Nacional (FSLN) aproximadamente en 1961.

Algunos podrían argumentar que tanto el Orteguismo como el Chavismo, no por ser proyectos personalis-

---

117. Evans, Nicmer. ¿Qué es el Chavismo?. Artículo publicado en el sitio web Pakito Arriarian, disponible en el enlace http://pakitoarriaran.org/articulos/3939-ique-es-el-chavismo.html (información obtenida el 26 de junio de 2013).

118. Evans, Nicmer: Carta Pública a Nicolás Maduro: Dejemos las sumas que no suman nada. Artículo publicado en el blog personal del autor; disponible en el enlace: http://evansnicmer.blogspot.com/2013/03/carta-publica-nicolas-maduro-dejemos.html (información obtenida el 26 de junio de 2013).

tas autoritarios de concentración del poder dejan de ser proyectos ideológicos en el sentido en que representan a un sistema y cuentan con un programa de acción. Si tal referencia fuese válida, cabría preguntarse entonces si otros fenómenos sociales y políticos como el caudillismo y el clientelismo también podrían ser tipificados como ideologías. Yo creo que no.

Tanto el caudillismo como el clientelismo son fenómenos de poder sustentados por mecanismos informales y difusos en la relación principal-agente en donde la interacción entre los actores del sistema es guiada por factores como la baja autoestima de los acaudillados, el intercambio de favores o la concesión de prestaciones. Para ilustrar mejor el ejemplo, es adecuado aclarar que lo anterior no anula el hecho de que los acaudillados o los clientes no tengan, como grupos o como individuos, un punto de vista particular sobre la realidad, aspecto básico de toda ideología. No obstante, ambos fenómenos carecen de las bases intelectuales y conceptuales que movilicen la acción política, quedándose en expresiones de una relación transaccional.

Tanto el caso de Nicaragua como el caso de Venezuela —que adquiere una nueva dimensión ante la ausencia física del fundador del proyecto— son proyectos políticos que al ser estudiados con acuciosidad difieren muy poco de otros fenómenos caudillistas ampliamente estudiados en las ciencias políticas latinoamericanas. Si bien es comprensible que los ideólogos de estos proyectos políticos "revolucionarios" hagan ingentes esfuerzos por presentar estos proyectos con una aspiración ideológica más articulada, la verdad es que hay muchas similitudes con los caudillismos militares "de derecha" que conocimos en el pasado y que en su momento fueron autoproclamados admiradores del fascismo europeo como fueron el caso de Juan Domingo Perón, en Argentina, y Anastasio Somoza García, en Nicaragua.

Como lo han señalado David Luhnow, José de Córdoba y Nicolás Casey, en un acertado artículo para el Washington Post denominado "The Cult of the Caudillo", a pesar de que la democracia se ha venido expandiendo en América Latina, el fenómeno del caudillismo nunca ha desaparecido sino que ha evolucionado y se ha adaptado a tiempos cambiantes. El viejo caudillismo militar surgido de golpes de estado ha sido reemplazado por nuevas estrategias de "golpes a través de medios democráticos". El principal arquitecto de esta nueva forma de caudillismo fue Hugo Chávez[119], que ahora ha sido imitado por otros regímenes caudillistas en América Latina.

La observación que hace Luhnow de Córdoba y Casey no es exclusiva para los regímenes autoritarios de América Latina. El proceso de sofisticación de los regímenes autoritarios y anti-democráticos parece ser un fenómeno global como lo señala William J. Dobson en su iluminador libro "The Dictator's Learning Curve: Inside the Global Battle for Democracy".[120] Dobson ofrece una anatomía del autoritarismo desde Siria, Yemen, Egipto, Túnez, Libia hasta Birmania y Corea del Norte, para concluir que los viejos regímenes dictatoriales del siglo pasado han sustituido las formas brutales de represión que antes les caracterizaban, por formas más sutiles de coacción e intimidación. Sin

---

119. Luhnow, David; de Córdoba, José; y Casey, Nicolás: The Cult of the Caudillo. The Washington Post, 16 de julio de 2009.
120. Dobson, William J. The Dictator's Learning Curve: Inside the Global Battle for Democracy. First Anchor Book Edition, Marzo 2013.

embargo, a estos viejos regímenes les sobreviven características centrales de las dictaduras más tradicionales como es el culto a la personalidad y el firme objetivo de permanecer en el poder.

Por lo anterior, sostengo que la acepción Socialismo del siglo XXI en el sentido acuñado por ideólogos como A.V. Buzgalin y Heinz Dieterich Steffan, no puede ser considerada mecánicamente equivalente al proyecto Chavista. Es cierto que tanto el Chavismo, por un lado, como los planteamientos de Dieterich Steffan y de otros ideólogos como Noam Chomsky, por el otro, tienen muchas similitudes ,especialmente en su feroz animosidad hacia el capitalismo y su tono antinorteamericanista y crítico al poder hegemónico estadounidense. La diferencia entre ambas posturas es que la primera es más una nueva edición de caudillismo tropical mientras que la segunda sí implica la articulación de una propuesta más o menos coherente de un sistema de creencias para explicar la realidad sobre la base de las premisas básicas de Karl Marx. Dicho de otra forma, el primero propone incorporar aprendizajes y experiencias socialistas del pasado mientras que la segunda comete muchos de los mismos errores de los regímenes autoritarios de derecha y de izquierda que tantas veces ha vivido América Latina.

En los casos concretos de los regímenes políticos vigentes en Venezuela y Nicaragua, respectivamente, efectivamente se asoman algunos rasgos de la propuesta socialista, específicamente en lo referido al discurso de lucha de clases, el férreo antinorteamericanismo, el desdén por la propiedad privada y el impulso colectivista. No obstante, estos rasgos quedan opacados ante un proyecto de culto a la personalidad que si no es del todo ajeno a la tradición socialista, al combinarse con otros aspectos, como hemos sostenido, más bien adquiere una forma cercana a los caudillismos tradicionales latinoamericanos que a su vez asimilaron y luego adaptaron muchos razgos del fascismo.

¿Si no es Socialismo, entonces qué es?

Antes de ilustrar mi argumento de que el proyecto Chavista es en realidad una versión tropicalizada del caudillimo fascista, es importante recordar que el fascismo clásico desapareció con la derrota de los Países del Eje al concluir la Segunda Guerra Mundial, como fue el caso del fascismo en España. Pero de igual forma que otras expresiones políticas desarrolladas en Europa llegaron a América de manera tardía y ya transformadas o tergiversadas, el fascismo también se vivió en América Latina bajo formas autóctonas. Tal fue el caso de las dictaduras de Perón en Argentina y Somoza en Nicaragua.

En oportunidades anteriores he sostenido que el caudillismo en América Latina puede asemajerse tanto al fascismo que bien podría llegar a ser, en algunos casos, una forma de fascismo tropical. En las opiniones de autores como Joan Antón, Joan Joseph Vallbé y E. Gentile,[121] el fascismo es una expresión de dominación política totalitaria y revolucionaria guiadas por el objetivo central de subordinar y transformar la sociedad a través de la captura del Estado y el monopolio del poder desde un régimen de Estado-partido.

Para ello, se aspira a un sistema político de partido único —o al menos hegemónico en el sentido en que lo

---

121. Anton Mellon, Joan. Las Ideas Políticas en el Siglo XXI. Ediciones Ariel. Barcelona 2002.

define Giovani Sartori— guiado por un caudillo carismático que se atribuye la virtud de interpretar y encarnar casi metafísicamente las aspiraciones y la voluntad del pueblo.

El caudillo, además, concentra para sí todo el poder del partido y define su acción política desde la perspectiva de una "revolución permanente contra enemigos exteriores e interiores." Además, Antón agrega "se trata pues de una revolución política, cultural y espiritual", donde es imprescindible hacer pacto para alcanzar el poder con las fuerzas conservadoras. Este pacto marca los límites de la revolución fascista y el paso del "fascismo-movimiento al fascismo-régimen".

Asimismo, "el fascismo aborrece la democracia liberal porque ésta favorece la cantidad respecto a la calidad…en tanto que concibe a la masa de la población como un ente incapaz de gobernarse". En este sentido, el fascismo comparte una característica importante con otras expresiones de extrema derecha, como son el descrédito al sistema de democracia representativa y por ende al sistema político pluripartidista al considerarlos expresiones de grupos de poder contrarios a los intereses del pueblo.

En consecuencia, el discurso político fascista hace constante referencia a la necesidad de una nueva democracia, "democracia verdadera" o "democracia pura", como le llamó Mussolini. La teoría de Democracia directa ofrece una sorprendente similitud a los argumentos de la sustitución de la clase política por el hombre común, esgrimidos por los fascistas europeos. "¡Basta ya de partidos!" decía Hugo Chávez.

El fanatismo y la violencia como Códigos de Conducta del partido fascista

Las similitudes no se detienen ahí, la concepción geopolítica del fascismo es fundamentalmente de antagonismo y conspiración, en tanto el caudillo tipifica de complot externo cualquier crítica que venga de otras instituciones o personas basadas en el exterior en tanto su modelo de poder se sustenta sobre bases profundamente provinciales y localistas. En consecuencia, la disidencia interna y la oposición, desde la óptica fascista debe ser necesariamente expresiones subversivas financiadas por el enemigo externo. Por ello, la oposición es definida como anti-nacionalista —como le llamaría Mussolini— o "vende-patria" y, como tal, no es digna de ser un contrincante con el cual se debe competir sino un enemigo a eliminar.

Para el régimen político fascista es fundamental presentarse ante las mayorías como la plataforma sobre la que debe sustentarse la nacionalidad misma. Esta necesidad de equipar la ideología del partido con un espíritu nacionalista es doblemente importante para la formación de las bases más jóvenes y más radicalizadas del régimen en el poder, ya que esos grupos fanatizados son la cantera de recurso humano obediente y de bajo costo para sostener a las élites del partido en el poder en el largo plazo. Estos mismos grupos de jóvenes fanáticos, como se conoció con fatales consecuencias en los casos de la juventud Nazi bajo el régimen de Hitler, también son útiles como fuerzas de terror contra las voces de disidencia o de oposición.

En el caso de Venezuela, son muchas las historias documentadas de violencia desmedida de fanáticos políticos vestidos con las famosas "franelas rojas" que Nicmer

Evans señalaba como un distintivo del Chavismo. Como si los parecidos fueran pocos, en el año 2007, el FSLN de Nicaragua impulsó la idea de las "Camisas Azules" — grupos de fanáticos violentos y paramilitarizados— de la misma forma que Hitler creó las camisas pardas o Mussolini las camisas negras. El partido de gobierno, quizás consciente de las inevitables comparaciones, luego cambió a sus jóvenes esas camisetas por otras de color blanco con logotipos de amor y paz, pero ese cambio estético más bien coincidió con un aumento de la actitud violenta de esos jóvenes contra otros grupos independientes y de oposición.

El caso nicaragüense es emblemático porque el partido de gobierno no se ha preocupado por disimular su vínculo con hordas violentas de jóvenes armados de garrotes, piedras, armas corto punzantes y armas hechizas que de forma desalmada han golpeado en varias ocasiones a ciudadanos que protestaban de forma pacífica en la vía pública como sucedió el día 22 de junio de 2013 en las afueras del edificio del seguro social en Managua, la ciudad capital.[122] Numerosos testigos y videos captaron como estos jóvenes uniformados con las camisetas distintivas del partido de gobierno eran trasladados por vehículos propiedad de la municipalidad de Managua, hacia los sitios en donde se realizaban las protestas cívicas. Esta modalidad de ataques se ha repetido en varias ocasiones con la aparente complicidad de la policía nacional.

En uno de los episodios de violencia en el año 2012, la joven activista nicaragüense Lisseth Sequeira, a pesar

---

122. Aministía Internacional: "Las autoridades nicaragüenses deben investigar los ataques contra jóvenes activistas". Declaración pública AMR 43/001/2013. 25 de junio de 2013. Disponible en el enlace http://www.amnesty.org/es/library/asset/AMR43/001/2013/es/94f698db-af00-4eff-bc03-acf98e42f8e8/amr430012013es.pdf

de estar embarazada, recibió una golpiza en una de las protestas que provocaron la pérdida de su bebé.[123] En los municipios rurales y alejados de la capital, los actos de violencia documentados por diversas organizaciones de Derechos Humanos son aún más violentos y alarmantes. Por ejemplo, durante las elecciones municipales del 2012, se documentaron actos inhumanos y torturas cometidas por la policía contra opositores políticos siendo el caso más alarmante el de los abusos masivos realizados en las instalaciones de la policía nacional en el municipio de Nueva Guinea, en el centro del país.[124] En noviembre de 2011, el país presenció con horror varios asesinatos políticos cometidos en municipios rurales como el cometido en la comunidad fronteriza de El Carrizo, al norte de Nicaragua.[125]

Dejando de lado las comparaciones más teóricas o subjetivas, lo cierto es que los razgos de fanatismo y violencia política son tan propios de los sistemas totalitarios clásicos como de estas expresiones más personalistas del poder que, en palabras de William J. Dobson, ya han pasado una curva de aprendizaje. Podríamos decir mucho más sobre las posibles tipologías de los nuevos regímenes caudillistas y compararlos, por ejemplo, con los sistemas

123. Centro Nicaragüense de Derechos Humanos (CENIDH): "Informe Anual de Derechos Humanos en Nicaragua 2012". Editorial La Prensa. Sin fecha con "copyright" 2012. Disponible en línea en el enlace: http://www.cenidh.org/media/documents/docfile/Informe_Anual_2012.pdf

124. Diario Confidencial. Reportaje del periodista Wilfredo Miranda: "Graves denuncias de tortura y abuso sexual en Nueva Guinea." Diciembre 2, 2012, disponible en http://www.confidencial.com.ni/articulo/9270/cenidh-039-doble-rasero-policial-039#sthash.LEFKRVJC.dpuf

125. Ver el reportaje "La desgracia llegó al Carrizo", por el periodista Fabián Medina: http://www.laprensa.com.ni/2011/11/20/ambito/81247-desgracia-llego-a-carrizo La Prensa, 20 de Noviembre de 2011.

de partido hegemónico a la manera del Partido Revolucionario Institucional (PRI) de México en sus años de mayor voracidad y fortaleza. Sin embargo, el tema de fondo es precisamente su naturaleza violenta y determinación de erradicar por diversas vías a todas las expresiones de auténtica oposición. El hecho de que sus métodos de opresión y control sean menos obvios no los hace menos peligrosos sino todo lo contrario.

El único antídoto a esos experimentos autoritarios es la democracia en su sentido más republicano. Me refiero a la democracia no sólo como sistema político sino como estilo de vida y de interacción humana basada en la libertad y la no violencia. Cualquier especulación o insinuación de que estos proyectos fascistas pueden ser desmontados con contragolpes aún más violentos, está fuera de lugar y condenada al fracaso, en tanto estos regímenes neofascistas si bien disimulan su inclinación a la confrontación abierta y frontal, entienden mejor que nadie el lenguaje de la guerra. La violencia es su zona de confort.

En el diseño mismo de estos regímenes autoritarios reside el germen de su eventual deterioro, pero decodificar esas vulnerabilidades requiere trascender los viejos paradigmas de supuestas izquierdas o derechas que tienen poca relevancia en el nuevo contexto. Por otra parte, la rígida estructura de poder que sostiene a este tipo de sistemas políticos, por aguda que sea su curva de aprendizaje, continúa siendo obsoleta en comparación con las tendencias demográficas de una clase media emergente cada vez más difícil de ser controlada y una población joven con más acceso a la información.

En conclusión, el desmontaje de este tipo de sistemas dependerá menos de la capacidad de grupos de oposición partidarios tradicionales y más de las dinámicas demográficas y sociales que avanzan con una fuerza imparable. Sin embargo, las contradicciones entre estos regímenes caudillistas y las aspiraciones de una sociedad libre y abierta, no puede ser un proceso espontáneo sino uno que habrá que provocar y estimular, usando muchas de las formas ya conocidas de organización política y movilización social. Esto nos recuerda que los problemas de la democracia, sólo pueden ser resueltos con mayor entrega, pasión y convicción por la libertad.

Una guía de la ALBA

Joel Hirst
Investigador sobre la Alianza Bolivariana de las Américas y su
impacto en la política de Estados Unidos en la región. Ha trabajado
en USAID, en la Oficina de las Iniciativas para la Transición
Joseph Humire
Co autor del libro "La estrategia de penetración de Irán en América
Latina". Intregrante del Centro de Estudios para una Sociedad Libre
y Segura de Estados Unidos.

¿Cuál es la alternativa bolivariana para las Américas y qué hace?

"...Los que han servido a la revolución han arado en el mar".
Simón Bolívar, 1830.

Un poco más de un año después de tomar posesión del cargo bajo su nueva Constitución Bolivariana, en una conferencia de estados del Caribe en la isla de Margarita en 2001, el presidente Chávez anunció su intención de seguir adelante con el sueño político de Bolívar de crear un estado-nación integrado en Sudamérica. "Nosotros desde Caracas seguimos y seguiremos impulsando la idea bolivariana de lograr la integración política de nuestros estados y nuestras repúblicas. Una Confederación de Estados de América Latina y del Caribe, ¿por qué no?"[126] Después de varios años de inestabilidad interna, el 14 de diciembre del 2004, el presidente venezolano Hugo Chávez y el

---

126. Hugo Chávez, III Conference of Caribbean States, 2001.

presidente cubano Fidel Castro firmaron la ley de la creación de la Alianza Bolivariana para los Pueblos de Nuestra América – Tratado de Comercio de los Pueblos (ALBA).

Para comprender la naturaleza de la Alianza Bolivariana para las Américas (ALBA), debemos viajar a los albores de la independencia sudamericana. Es allí, en las grandes visiones y batallas reñidas de los padres fundadores de Sudamérica, que se encuentra la semilla de la ALBA. Surgió de la idea de Simón Bolívar de establecer la Gran Colombia de lo que hoy es Venezuela, Colombia y Ecuador. En esto, Bolívar vislumbró una nación poderosa latinoamericana, subordinada a la voluntad de un máximo caudillo y firme en su oposición a los Estados Unidos. Bolívar creyó que ésta era la única manera en la que Sudamérica sería capaz de ponerse de pie y prosperar en la cara de lo que él sabía que sería, incluso en ese momento, un poderoso gigante y rival del norte. En un último esfuerzo para salvar su proyecto político, Bolívar asumió el rol de dictador sobre el cuerpo rebelde, renunciando poco tiempo después y viviendo lo suficiente para ver el colapso de la Gran Colombia y del Congreso de Panamá.

Sin embargo, casi doscientos años después de la muerte de Bolívar y desde que las grandes guerras frustraron su gran visión, sus palabras y sus ideas todavía reverberan en un continente agotado. Y de nuevo han engendrado desorden bajo las ambiciones de otro líder venezolano, asimismo poderoso y controversial.

El desarrollo

Desde su creación en Cuba en el 2004, la ALBA ha crecido de dos a ocho miembros con tres países observadores: Haití, Irán y Siria. Honduras se convirtió brevemente en un miembro bajo el presidente Manuel Zelaya, pero después del golpe de estado en junio del 2009, el gobierno de facto se retiró. A pesar del crecimiento, la ALBA representa sólo una pequeña fracción de la actividad económica, la población y la masa terrestre de América Latina y del Caribe.

Los miembros actuales

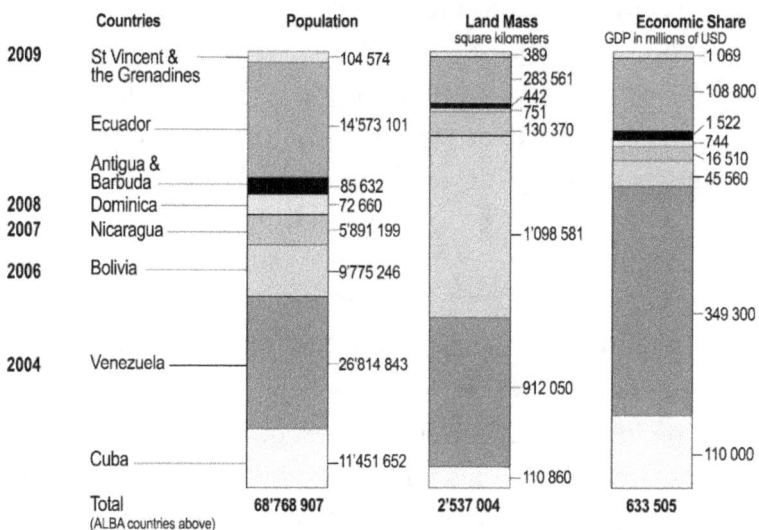

Las ideas

Hay tres ideas generales que guían la ALBA:

1) El conflicto: la ALBA busca institucionalizar el conflicto radical (interno y externo), lo cual los países miembros creen que es necesario para reconstruir la "Gran Colombia".[127] Según Fernando Bossi, el expresidente del Congreso Bolivariano de las Naciones y miembro de los

---

127. United Nations University – Comparative Regional Integration Studies, Working Paper W/2008-4, p33.

Movimientos Sociales de la ALBA (la puesta en marcha del Foro de São Paulo, cuyos miembros sirven como los "soldados de infantería" de la ALBA), la alianza es la siguiente fase de "la histórica confrontación entre los pueblos latinoamericanos caribeños y el imperialismo".[128] En esta nueva etapa, los países están obligados a elegir entre la ALBA y el Socialismo por un lado y los Estados Unidos y el mercado libre por el otro.[129] Este conflicto se ha expresado en las conflagraciones casi constantes, como la protesta policial en Ecuador, la violencia y confusión en Venezuela y la violencia regional en Bolivia. A nivel internacional, esto ha significado conflictos entre vecinos como Ecuador y Venezuela con Colombia, Venezuela con la mayoría de sus vecinos (en un momento u otro), Nicaragua con Costa Rica y todos ellos con los Estados Unidos.

2) El Socialismo del siglo XXI: El modelo económico adoptado por los Estados miembros de la ALBA se basa en una versión del comunismo esbozado por el académico mexicano Heinz Dieterich. El modelo incluye la famosa idea de "la democracia participativa y protagónica", lo cual implica la eliminación de la democracia representativa, así como su enfoque institucional a la gobernanza —a cambio de la participación local vinculada a un caudillo fuerte. En Venezuela, esto se hace a través del Poder Popular que establece las comunas a nivel local que estaban bajo las órdenes directas del presidente Chávez—. En Nicaragua, el Poder Ciudadano consiste de comités locales bajo las órdenes de Rosario Murillo, esposa del presidente Ortega. Existen mecanismos similares en

128. Cuadernos de Emancipacion, N35, ISSN 0328-0179, Fernando Bossi, p21.
129. Crónica de una Crisis Anunciada – FLACSO, p7.

Cuba con los Comités de Defensa de la Revolución (pero sin la participación popular presente en otros países de la ALBA). En Bolivia esto se hace a nivel de base, a través del empoderamiento de las organizaciones indígenas. Este enfoque a la gobernanza rechaza las instituciones y así aumenta el poder Ejecutivo. No es coincidencia, por lo tanto, que las reformas constitucionales en Bolivia, Ecuador, Venezuela y ahora en Nicaragua han extendido mandatos y atribuciones presidenciales. Como declaró Luisa Estela Morales, presidente de la Corte Suprema de Venezuela, en 2009: "No podemos seguir pensando en una división de poderes, porque eso es un principio que debilita al Estado".

3) La revolución internacional: la ALBA es en gran medida una infraestructura regional diseñada para apoyar los procesos revolucionarios y radicales dentro de sus Estados miembros. Como dijo Bossi, "ALBA es un capítulo de una revolución mundial". Esto ha resultado en el contacto y cooperación de los Estados miembros de la ALBA con otros revolucionarios por todo el mundo — principalmente con Irán, pero también con Hezbollah, las Fuerzas Armadas Revolucionarios Colombianas (FARC), el grupo terrorista vasco español Euskadi Ta Askatasuna (ETA) y el Ejército de Liberación Nacional en Colombia (ELN), entre otros—. El presidente Chávez dijo que el objetivo de esta revolución internacional es "la creación de un nuevo orden mundial". Según la política exterior de la ALBA, el orden institucional actual debe ser derribado para que un nuevo "mundo multipolar" salga a luz. Para esto, es esencial el colapso de la superpotencia mundial, los Estados Unidos.

Visiones opuestas: ALCA vs. ALBA

Desde el principio de su presidencia, Chávez ideó la
Alianza Bolivariana para que sea la máxima expresión de
su política exterior. La "alternativa" iba a ser inicialmente
un sustituto para el Área de Libre Comercio de las Américas (ALCA), lo cual fue un plan desarrollado por el gobierno del presidente estadounidense Bill Clinton con el fin
de crear una zona de libre comercio desde Canadá hasta
Argentina. No obstante, la "alternativa" también fue creada para remplazar la integración económica del occidente
con un nuevo modelo económico y político: el Socialismo
del siglo XXI.[130] Coherente con la política cambiante de Latinoamérica, la "alternativa" se ha convertido rápidamente en una alianza flexible e ideológica para reflejar las rea-
lidades de la región y aquellas de sus Estados miembros.

---

130. Crónica de una Crisis Anunciada – FLACSO, p6

El objetivo	Una mejor calidad de vida mediante el libre comercio y la integración económica. La reducción de los obstáculos a la inversión extranjera directa.	La lucha contra la exclusión social y la autonomía de América Latina. El comercio condicionado a la transferencia de tecnología y al desarrollo de los derechos humanos.
La política agrícola	La eliminación de las subvenciones agrícolas y de los aranceles, todo con el fin de mejorar los mercados.	La seguridad de los alimentos y la producción agrícola.

La propiedad intelectual	La protección de los derechos de propiedad intelectual.	La protección de los derechos de propiedad intelectual.
El acceso a los mercados	La eliminación de los aranceles para aumentar el comercio.	La defensa de los aranceles y de otros mecanismos que promueven y protegen la industria y la agricultura nacional.
Las compras gubernamentales	La apertura de los mercados con el fin de facilitar la licitación de obras públicas.	Empresas domésticas mantienen la prioridad en la prestación de servicios contratados por el Estado.
La resolución de conflictos	La mediación internacional a través del arbitraje internacional.	El uso de los poderes judiciales nacionales para resolver problemas, sin el reconocimiento de los derechos internacionales de las empresas extranjeras.

Comparando y contrastando las políticas
Las actividades

Operativamente, la ALBA ha expandido la realización de los "Proyectos Grannacionales", los cuales son proyectos sociales implementados por lo menos entre dos Estados miembros. Estos esfuerzos estatales son operados por empresas grannacionales (creadas en oposición a las empresas transnacionales). En este momento, hay doce proyectos grannacionales en diferentes etapas de desarrollo (la mayoría de los cuales tienen empresas correspondientes).

Los proyectos mismos están siendo desarrollados con diferentes grados de éxito. El programa de educación, con el apoyo del programa cubano de alfabetización, "Sí, Se Puede", ha reducido el analfabetismo en la región. Nicaragua ha implementado el Programa Hambre Cero para reducir la malnutrición aguda global en 4 por ciento. El proyecto de telecomunicaciones ha adquirido un satélite chino, ha puesto un cable de fibra óptica entre Cuba y Venezuela (y en el futuro entre Jamaica y Nicaragua) y ha creado decenas de canales de televisión (incluyendo Telesur, el canal internacional de noticias de la ALBA), así como servicios de cable que muestran documentales, videos, películas, entrevistas y noticias. Con respecto a sus actividades culturales, la ALBA ha organizado ferias literarias, becas, premios de literatura, proyecciones de películas e incluso ha celebrado juegos de estilo olímpico en La Habana en tres ocasiones diferentes (cada dos años). Además, el sistema de salud de la ALBA ha facilitado millones de consultas, operaciones y visitas por los trabajadores de salud entrenados en Cuba. Algunos programas se han atrofiado debido a la mala gestión, como el programa de agricultura de la ALBA. Otros existen sólo de nombre. Mientras que la ALBA dice que planifica estas actividades, casi siempre aquellas actividades surgen espontáneamente de las recomendaciones hechas por movimientos sociales[131] o por los Estados miembros y, posteriormente, se introducen en el marco general de los imperativos de la ALBA.[132]

---

131. Construyendo el ALBA: Nuestro Norte es el Sur, Rafael Correa May 2005
132. United Nations University – Comparative Regional Integration Studies, Working Paper W/2008-4, p33.

El presidente Chávez utilizó las ganancias de la industria petrolera para financiar estos proyectos. Además, el apoyo logístico y el conocimiento para la implementación de la infraestructura de la ALBA vienen de los agentes bien entrenados del gobierno cubano.

El banco de la ALBA y la financiación

Para financiar estos proyectos, la ALBA ha creado un Banco con oficinas en Venezuela y en Cuba y ha dispuesto una suma inicial de $1 mil millones en recursos y ha establecido una moneda de comercio regional denominado el Sistema Único de Compensación Regional o SUCRE. "Basta con la dictadura del dólar, viva el SUCRE", dijo el presidente Chávez en el 2009 al aprobar la ley que estableció el SUCRE. El SUCRE empezó a circular un año después y se utiliza para los intercambios entre gobiernos.

Al 2013, fijado a $1.25 por SUCRE, su valor flotará basándose en una canasta de monedas de los Estados miembros (el Banco y el SUCRE servirán para guardar las reservas en divisas de los Estados miembros). El Banco de la ALBA tiene sus oficinas en Caracas y su presidente fue Nicolás Maduro, que también fue Ministro de Relaciones Exteriores de Venezuela.

Además de la financiación del Banco de la ALBA, está Petrocaribe —un acuerdo energético que une las naciones del Caribe y de América Central a la infraestructura y a las reservas de energía de Venezuela—, que ha contribuido con el apoyo financiero a los proyectos de la ALBA. Esta organización sirve como puerta de entrada a la organización ALBA.

Venezuela también ha proporcionado bastante apoyo financiero extrapresupuestario. Debido a la volatilidad de la gestión financiera de Venezuela, el apoyo del presidente Chávez para la ALBA quizás nunca será precisado. Sin embargo, el análisis realizado por el Centro de Investigaciones Económicas (CIECA) y por la unidad de inteligencia del partido político Primero Justicia (ambos de Venezuela), se estima que los regalos superan los $30 mil millones. Según los propios informes públicos del gobierno venezolano, sólo los acuerdos petroleros preferenciales han costado hasta $20 mil millones durante los últimos cinco años.

La política

Políticamente, la ALBA ha sido extraordinariamente activa. En sus primeros seis años de existencia, la alianza ha celebrado dieciséis cumbres ordinarias y extraordinarias. En cada una de estas cumbres, se llega a acuerdos sobre los proyectos y por lo tanto, continúa tomando forma y dirección.

Los Estados miembros de la ALBA utilizan sus cumbres regulares para definir las posturas dentro de las organizaciones internacionales en las que usualmente votan en bloque. Debido a su fuerza política y económica, la ALBA ha asumido el control político sobre la Organización de los Estados Americanos (OEA). Esto ha permitido que sus estados miembros eludan las acusaciones que han cometido violaciones de la Carta Democrática Interamericana. Además, aquellos estados miembros han participado en eventos internacionales con cierto éxito, incluyendo el esfuerzo en contra de los acuerdos de Copenhague en el 2009.

Finalmente, la ALBA tiene un componente militar naciente. Durante su séptima Cumbre en Bolivia en el año 2009, hubo una discusión de un pacto de defensa mutua, aunque nunca fue ratificada oficialmente en la declaración de la cumbre. El presidente boliviano Evo Morales declaró audazmente: "La propuesta de mi gobierno será aprobar una escuela de defensa regional con nuestra propia doctrina". A pesar de la falta de ratificación, la ALBA se ha acercado en silencio a la implementación de esta idea, lo cual establecería la Escuela de Defensa Regional en Santa Cruz, Bolivia. El ejército siempre ha tenido un papel muy importante en los proyectos políticos del presidente Chávez, lo cual el presidente bolivariano ha denominado la alianza "cívica-militar".

La teoría de la defensa surge de las escrituras del filósofo español radical Jorge Verstrynge. En su libro "La guerra periférica y el Islam Revolucionario", que fue distribuido por el presidente Chávez a todos los miembros del ejército venezolano, se establece la doctrina de la guerra asimétrica, tal como ha sido practicada por los insurgentes islámicos en los últimos años. Aquella doctrina, según el presidente Chávez y su ejército, es la única técnica con la que la ALBA será capaz de resistir lo que están convencidos que será un ataque inevitable de los Estados Unidos.

El presidente Chávez y sus seguidores de la ALBA están apostando sus futuros colectivos por la creación de un bloque sudamericano revolucionario, rico en recursos y energía, cuyo deseo declarado es perturbar el orden internacional y facilitar la creación de un "nuevo orden mundial", y utilizar el caos consiguiente para reconstruir la visión de la Gran Colombia de Bolívar. ¿Será esta nueva expresión de la revolución latinoamericana de Bolívar mejor arada con un petrolero?

Las siete estrategias del Socialismo del siglo XXI en Ecuador

Mario R. Pazmiño Silva

Presidente del Centro de Análisis e Investigación Internacional,
consultor para temas de seguridad hemisférica y global en diferentes
medios de comunicación internacionales, exdirector de Inteligencia
del Ejército.

"El Socialismo es la filosofía del fracaso, el credo a la
ignorancia, la prédica de la envidia. Su virtud inherente es la
distribución igualitaria de la miseria"
Winston Churchill

Escenario regional

El teutón Heinz Stefan Dieterich escribió un libro titulado "El Socialismo del Siglo XXI", donde considera que ha
llegado el momento de resucitar al Socialismo luego de su
nefasto paso por la historia de la humanidad. Este personaje, que luego sería conocido como el padre de esta amor-
fa corriente ideológica, considera que América Latina es
el escenario adecuado donde se puede gestar este nuevo
germen de la tiranía. Dieterich convenció a diferentes actores políticos de la región utilizar, en los inicios, la vía
democrática para lograr alianzas internacionales que for-
talezcan desde los diferentes estados un cambio en la política regional. Astutamente le dan un nombre atrayente,
Socialismo del siglo XXI, a fin de que sociedades incautas
vean en esta nueva forma de pensamiento la solución a
sus múltiples necesidades.

En varios países de la región, este virus del mal llamado Socialismo del siglo XXI comenzó a expandirse como una pandemia auspiciada por el gobierno cubano. El líder de la nefasta revolución de Sierra Maestra, Fidel Castro, mira esta oportunidad político-ideológica como el último recurso a su proyecto de control y dominación de toda Latinoamérica, que tendría y tiene como epicentro La Habana.

¿Cuál fue la estrategia empleada para seducir a la población en la mayoría de estos países? Se explotó en cada uno de ellos factores que la sociedad nunca podría rechazar: el respeto a los Derechos Humanos, el ecologismo, el indigenismo, el simbolismo religioso, la igualdad de género, el respeto histórico. Estas fueron algunas de las formas, llamadas carnadas, para pescar a sociedades desinformadas y deslumbradas por un supuesto salvador o mesías. Bajo este paraguas se comenzaron a modificar las diferentes constituciones apócrifas, empleando como mecanismo la consulta popular. Ejemplos de esta práctica vemos en Ecuador, Venezuela, Bolivia, Argentina, Nicaragua. Las sociedades se volcaron con frenesí a esta supuesta conquista garantista y no se percataron de las aviesas intenciones del denominado Socialismo del Siglo XXI: el control del Estado y de la institucionalidad democrática. Un ejemplo es lo expresado por un miembro de la revolución bolivariana, Amílcar Figueroa: "... Dicho de otro modo, se trata de adecuar la Constitución a la nueva etapa que vive el país: la construcción del Socialismo del siglo XXI".[133]

Inmediatamente y con el marco constitucional creado a su medida, se orientó todo su esfuerzo en captar las

---

133. Figueroa, Amílcar, "La Revolución Bolivariana", Caracas, El Tapial, 1ª ed, 2007,pp.41

funciones Judicial y Legislativa, para materializar el control del Estado, creando un gobierno totalitario. Así, con el pasar del tiempo, las sociedades regionales se darán cuenta de la trampa en la que cayeron, pero será muy tarde y su capacidad de reacción se verá limitada. Venezuela vive en la actualidad esta realidad y como lo manifiesta A. Figueroa: "Es obvia la necesidad de adecuar la Constitución a la nueva concepción de la Seguridad y Defensa y, en consecuencia, dar estatuto constitucional a las milicias populares".[134]

El Foro de Sao Paulo, organismo creado para fundar en América Latina el mal llamado Socialismo del siglo XXI, nació de la inspiración de un caudillo guerrillero llamado Fidel Castro y un dirigente metalúrgico brasileño Lula da Silva. Ellos pensaron en la forma de agrupar a todas las organizaciones de izquierda moderada, radical y terrorista del continente bajo una sola bandera.

Esta organización tomó como vademécum socialista el libro de Heinz Stefan Dieterich, para establecer líneas de acción y formular políticas conjuntas de apoyo regional entre sus miembros. Algunos países, con un sentir democrático, miran con recelo a esta nueva estructura, sin darse cuenta que su estrategia no es inmediata, es de mediano y largo plazo. En ella, los gobiernos que ya fueron tomados por el Socialismo del siglo XXI, apoyan e influyen en los caudillos locales de los diferentes Estados americanos, para ir extendiendo la telaraña ideológica; los derechos colectivos quedan en segundo plano, a favor de los intereses partidistas y personales, que los ubican por encima de toda ley. Como lo describe el exmarxista Bernard-Henri

---

134. Figueroa, Amílcar, "La Revolución Bolivariana", Caracas, El Tapial, 1ª ed, 2007,pp.43-44

Levy en su libro La Barbarie con Rostro Humano: "He dicho que el Socialismo es un engaño y una decepción. Cuando promete, miente; cuando interpreta, yerra. Apliquese marxismo en cualquier país que se quiera y siempre se encontrará un Gulag al final".

La crisis regional incrementa la inequidad social, la violación de los derechos colectivos, el endeudamiento internacional, la inseguridad; la corrupción campea, el lavado del cerebro social es permanente y los pueblos latinoamericanos mantienen un temor enfermizo ante sus nuevos leviatanes, a los cuales no les importa la sociedad, si sus permanencias indefinidas en el poder.

Los diferentes gobiernos del nuevo Socialismo sustituyen los esquemas democráticos por discursos de fachada asistencialista que les permita fortalecer su permanencia en el poder; este proceso es claramente descrito por Carlos Sánchez Berzaín cuando expresa: "Con Evo Morales en el poder, el objetivo fijado por los interventores externos en Bolivia fue el de terminar con la institucionalidad democrática y sustituirla por un sistema propio que mantenga la apariencia de democracia. Para esto el modelo a seguir era el de Venezuela, pues Chávez había realizado avances importantes en el desmontaje institucional de su país".[135]

El llamado continente de la esperanza se está transformando, desde hace quinquenios en el laboratorio de exterminio de las sociedades democráticas. Pero recuerden socialistas del mundo entero: "esta América que nació libre, seguirá libre mientras exista un suspiro de dignidad y un grito que retumbará en la mente y en el corazón de todo Latinoamericano: "Patria LIBERTAD o Muerte".

---

135. Sánchez, Carlos, La dictadura del siglo XXI en Bolivia", USA, Interamerican Institute for Democracy, 2ª ed, 2013, pp, 57

Escenario ecuatoriano

En octubre de 2006, antes de la posesión de Rafael Correa D. como presidente del Ecuador, Alejandro Peña Esclusa publicó en su libro "El Foro de Sao Paulo contra Álvaro Uribe", una carta abierta al pueblo ecuatoriano, donde vaticina lo que será el gobierno de la revolución ciudadana para nuestro país. Han pasado 8 años de este mal llamado Socialismo del siglo XXI y considero que es muy oportuno reavivar este documento, para ver si se cumplieron o no las predicciones apocalípticas que se describían en él y que sean los ecuatorianos quienes saquen sus propias conclusiones:[136]

Carta abierta al pueblo ecuatoriano 2006

Caracas, 6 de octubre de 2006.

En el año 1998, cansados de la corrupción y de los malos gobiernos, los venezolanos decidieron castigar a los partidos tradicionales votando por Hugo Chávez.

Pero en lugar de resolver los problemas nacionales, Chávez utilizó la Presidencia para acabar con las libertades, secuestrar los poderes públicos, perseguir ferozmente a sus opositores y lo que es más triste, promover en toda América un modelo castro-comunista, contrario a la identidad del pueblo venezolano.

Les escribo, lleno de una gran preocupación, porque ustedes podrían cometer el mismo error con el candidato Rafael Correa.

136. Peña Esclusa, Alejandro "El foro de Sao Paulo contra Álvaro Uribe", Colombia, Nomos Impresores,1ª ed, 2008,pp,145-147 "Carta abierta al pueblo ecuatoriano"

Les aseguro que Correa no representa el interés de los ecuatorianos, sino el de una organización creada por Fidel Castro, denominada el Foro de Sao Paulo, y a la cual pertenecen Hugo Chávez, Evo Morales y las FARC colombianas.

De ganar las elecciones, Ecuador dejará de ser un país libre y soberano. Agentes cubanos y venezolanos tomarán el control de las instituciones, como está ocurriendo ya en Bolivia. Correa acabará con la democracia e impondrá una dictadura totalitaria, utilizando como herramienta la convocatoria a una Asamblea Constituyente.

El mecanismo funciona de la siguiente manera: Primero, la Constituyente se declara "originaria" y "plenipotenciaria". Luego, disuelve los poderes legítimamente constituidos, como el Congreso y la Corte Suprema de Justicia. Después, la Constituyente los cambia por nuevos funcionarios, sumisos al poder Ejecutivo. Y, finalmente, toma control del organismo electoral, para cometer fraude y reelegir al Presidente indefinidamente.

Ese perverso libreto —escrito en Cuba y financiado con abundantes petrodólares venezolanos— ha sido aplicado en Venezuela en 1999 y ésta actualmente desarrollándose en Bolivia. Afortunadamente, ustedes todavía están a tiempo de impedirlo.

Les hago estos señalamientos, a pesar de ser extranjero, porque considero un deber de conciencia evitarles la triste experiencia que hemos vivido en Venezuela. ¡No cometan el mismo error! ¡No voten basándose en el castigo! Porque luego lamentarán profundamente su equivocación, como nos ocurre a nosotros.

Me despido deseándoles el mejor de los éxitos en su futuro cercano y enviándoles mis más sinceros sentimientos de aprecio y solidaridad.

Alejandro Peña Esclusa

Caracas – Venezuela"

Luego de un largo camino de inestabilidad política y con el apoyo de grupos de izquierda y organizaciones indígenas, así como de partidos nacionales y extranjeros que cobijan en sus banderas los principios socialistas, Rafael Correa es proclamado como Presidente del Ecuador, tomando posesión en enero del 2007 e iniciando así un proceso de transformación fatal del Estado.

La estrategia a seguir sería la misma que se venía empleando en otros países bajo este modelo totalitario; comenzaría primero por crear una Constitución hecha a su medida y posteriormente controlaría todas las funciones del estado, pues para estos caudillos el control del poder total es todo. El expresidente Osvaldo Hurtado en su libro "Dictaduras del Siglo XXI el caso Ecuatoriano" describe con claridad esta toma sistemática del poder.[137]

"Una vez que los autócratas del siglo XXI recibieron las amplias atribuciones que les otorgaba la nueva constitución, a través de dóciles órganos legislativos, del veto presidencial o de poderes habilitantes, armaron un enjambre de leyes en cuyas redes mantienen atrapadas a las instituciones democráticas. Mediante el sometimiento de las funciones Legislativa y Judicial y de los órganos de control, conformaron un sistema de dominación política, económica, social, electoral, cultural y comunicacional, del

---

137. Hurtado, Osvaldo, "Dictaduras del Siglo XXI el caso Ecuatoriano" Quito, Paradiso Editores, 3ª ed, 2013, pp, 11

que se han valido para eternizarse en la presidencia y perseguir, apresar, exiliar, silenciar amilanar a críticos y opositores, a fin de que no pueda emerger ninguna alternativa política".

Consolidado su dominio e influencia en todos los órganos del poder del Estado, la segunda etapa entraría rápidamente en vigor. Los seguidores de Heinz Dieterich han tildado de poderes fácticos a los medios de comunicación. Estos han representado el gran botín para el Socialismo del siglo XXI en la presidencia de Rafael Correa. Los mal llamados medios públicos no son otra cosa que sistemas de comunicación al servicio del Estado en donde se genera una propaganda permanente a favor del proyecto y de su caudillo, intentando y logrando en ocasiones una imagen trastocada de la realidad para que los ingenuos espectadores crean que la Patria ya es de todos.

Repitiendo una y mil veces las mentiras, al más claro estilo del nazista Goebbels, han logrado manipular la mente de los ciudadanos y los órganos de control para brindar una imagen de transparencia, rectitud, honestidad y sobre todo la imperiosa necesidad de mantener a su caudillo como el ungido, el redentor y el salvador de un país que estaba en el abismo y que con la revolución ciudadana ha resurgido como el Ave Fénix.

Este totalitarismo cobijado sobre una fachada de democracia participativa extendió sus tentáculos a todos los estamentos sin respetar ninguna independencia de las funciones del estado. En este punto cabe citar las expresiones de Rafael Correa, cuando en la sabatina del 7 de marzo del 2009 en el coliseo Abel Jiménez Parra, manifestó:

"… porque el presidente de la República, escúchenme bien, no es solo el jefe del poder Ejecutivo, es jefe de todo

el Estado ecuatoriano y el Estado ecuatoriano es poder
Ejecutivo, Legislativo, Judicial, Electoral, Transparencia y
Control Social, Superintendencias, Procuraduría, Contra-
loría, todo eso es el Estado ecuatoriano". ¡Ignorancia crasa
o desmedida ambición!

La tercera etapa del Socialismo de la Revolución Ciudadana tiene como base la confrontación social entre clases; mientras más fragmentado y enfrentado se encuentre
el pueblo existe mayor posibilidad de que este germen
ideológico se implante en una sociedad. En el Ecuador del
siglo XXI, según el gobierno, todo lo anterior llamado neoliberalismo está mal; las estructuras políticas representan
la famosa partidocracia; los medios de comunicación son
la prensa corrupta; los banqueros y empresarios son los
explotadores sociales y todos los que están en contra de
este remedo de proyecto ideológico son los poderes fácticos que conspiran contra el Estado.

Se habla de una democracia igualitaria con acceso a
todos los beneficios del estado central, ¿pero existe verdaderamente esa igualdad que pregonan, o es solo un canto
de sirenas para embaucar a los incautos? Citemos algunos
ejemplos: el gobierno central se ha empeñado en desarro-
llar la vialidad en el país, sin embargo las arterias secunda-
rias, en donde se encuentra los generadores de producción,
continúan en el mismo abandono de todos los gobiernos.
En el campo educativo se reformuló el acceso a los centros
de enseñanza generando graves problemas, pues el Estado es el que decide qué carrera se debe seguir, frustrando
las aspiraciones de miles de ciudadanos. El área de la salud, otro referente de este proceso de "reconstrucción", ha
caminado con paso lento, debiendo reconocer que la campaña Manuela Espejo, si bien levantó un verdadero censo

de las personas discapacitadas a las que se les brindó un apoyo logístico y económico, es una muestra de la desvalorización de los profesionales ecuatorianos de la salud, pues este gobierno que pregona diariamente el eslogan "La Patria ya es de todos", trajo tecnólogos cubanos para que realicen este empadronamiento, como que si no existieran el número suficiente de profesionales para ejecutar esta elemental tarea. En el campo legal y de fiscalización, el país ha visto con ojos atónitos como se han exculpado a un gran número de funcionarios corruptos y se ha condenado injustamente a otros ciudadanos que no comulgan con el Socialismo del siglo XXI, acusándoles de traidores a la patria, terroristas, conspiradores etc...

La cuarta estrategia es el debilitamiento de las Fuerzas Armadas y Policía Nacional. En este contexto hemos visto cómo violentando la Constitución se han asignado nuevos roles institucionales, se han quitado competencias, se ha reducido el personal, se han enajenado bienes, etc. El objetivo de esta estrategia es crear una Fuerza Pública politizada y convencida para la defensa de este proyecto político. También es necesario mencionar la conformación de los denominados CDR (Comités de Defensa de la Revolución) o milicias partidistas que tienen como misión la defensa del proceso revolucionario, similares a los comités de Cuba, Nicaragua, y a las milicias bolivarianas en Venezuela.

La quinta estrategia de Rafael Correa radica en generar una imagen internacional de un país que salió del estancamiento y viaja a la modernización sin importar el endeudamiento que se tenga que realizar. En este país, como lo describe el periodista Francisco Febres Cordero en su artículo titulado "El Milagroso" del 18 de mayo del 2014:

"Recorre el mundo predicando el milagro ecuatoriano y, con su palabra, hace que los ciegos oigan, los sordos vean, los mudos caminen y los paralíticos coman…"

Luego de siete años de desgobierno de la mal llamada revolución ciudadana y después de su descalabro electoral en la contienda política del 2014, donde el pueblo inició un despertar que genera la pérdida en las urnas de las principales y más importantes ciudades del país, consideradas por Alianza País como bastiones de esta corriente ideológica, surge la preocupación en sus filas, quedando al descubierto que no hay líderes internos que gocen de la simpatía popular y que toda la maquinaria electoral la realizan bajo la égida de un solo autócrata, Rafael Correa Delgado.

El proyecto comenzó a debilitarse por lo que es necesario aplicar la sexta estrategia: la reelección indefinida, mediante la cual se materializaría la violación de la Constitución y la destrucción de la democracia, logrando la permanencia en el poder con el control y auspicio de todos los poderes del Estado.

Con estos espurios mecanismos de sumisión y control total, es necesario ampliar el nivel de influencia traspasando las fronteras y promoviendo la séptima estrategia del Socialismo del siglo XXI, la presencia internacional, que consiste en coronarse como el referente y portavoz de la región. No importa cuál sea el país o la injerencia en asuntos internos y soberanos de otros gobiernos, el objetivo es que lo reconozcan como el personaje que abandera la lucha contra el imperialismo, la partidocracia, la descontextualización de la realidad histórica del continente, el combate a los poderes fácticos representados por los medios de comunicación, el adalid de los derechos humanos, el irrespeto a los organismos internacionales y sus decisiones jurídicas o la reencarnación de personajes históricos, sin que para ello no escatime utilizar frases de terroristas asesinos como el Che Guevara, quien siempre terminaba cada ejecución o discurso con su eslogan, " hasta la victoria siempre".

Este es el país del Socialismo del siglo XXI llamado Ecuador, el país de la destrucción de la democracia, las libertades, los derechos, el país de la persecución a quien opina diferente, el país en donde los jueces esperan el veredicto desde otras instancias para poder hacer justicia, el país en donde no importa a cuantas generaciones dejemos endeudados para satisfacer compromisos económicos nefastos, aduciendo un cambio en el desarrollo nacional, sacrificando a pueblos y territorios ancestrales protegidos mediante acuerdos internacionales. Este es el país en donde, por un lado criticamos a transnacionales petroleras que depredaron el medio ambiente y, por otro lado, destruimos la única reserva de biodiversidad más grande del mundo, a cambio de unos cuantos barriles de petróleo que no se quedan con el pueblo sino que se los comercializa con el imperialismo chino por treinta monedas de plata.

La pregunta que surge es, ¿qué hacer como latinoamericanos? La respuesta es muy difícil y las soluciones tienen que ser abordados por cada país en donde las sociedades tendrán que escoger entre seguir de esclavos del Socialismo del siglo XXI o iniciar un proceso de liberación; caso contrario veremos un baño de sangre en el continente que ya comenzó en Venezuela y que recorrerá desde México hasta la Patagonia.

Bibliografía

DIETERICH STEFFAN, HEINZ, 1968. El Socialismo del Siglo XXI, Mexico ww.rebelion.org/docs/12.pdf

FIGUEROA, AMÍLCAR, 2007. La Revolución Bolivariana, Caracas, El Tapial, 1ª ed

HURTADO, OSVALDO, 2013 . Dictaduras del Siglo XXI el caso Ecuatoriano, Quito, Paradiso Editores, 3ª ed

MANTILLA, S., MEJÍA, S., 2012. Rafael Correa balance de la revolución ciudadana, Quito, Planeta, 1ª ed

MÁRQUEZ, NICOLÁS, 2013. El cuentero de Carondelet, Buenos Aires, Contra Cultura, 1ª ed

PEÑA ESCLUSA, ALEJANDRO, 2008. El foro de Sau Paulo contra Álvaro Uribe, Colombia, Nomos Impresores,1ª ed

SÁNCHEZ, CARLOS, 2013 . La dictadura del siglo XXI en Bolivia, USA, Interamerican Institute for Democracy, 2ª ed